r-Krug

Inge Müller-Krug

Abschied

Ein Leben ohne Dich
und doch mit Dir

SCHEUNEN-VERLAG 2002

Layout u[redacted]
Lektorat: *Gudrun Rehmann*
Scans und Bildbearbeitung: *Andreas Ciesielski*
Fotos: *In*[redacted]*rchiv der Autorin, Andreas Ciesielski, Archiv des Verlages, Andreas Kleinschmidt*
Belichtungen, Druck und Bindung: *artdruk, Szczecin*

ISBN: 3-934301-57-6

Was ist Abschied?
Abschied ist Hoffnung auf Wiederkehr -
und Fortgehen?
Du bist fortgegangen,
fortgegangen für immer -
ohne Wiederkehr.
Du bist von mir fortgegangen.
Die Leere, die Schmerzen
und die Verzweiflung,
nicht alles getan zu haben,
sind geblieben.

Im kalten Schnee habe ich Dich,
geliebtes warmes Herz, begraben.
Ich musste nach Hause,
das erste mal ohne Dich,
und doch war ich es nicht, die nach Hause ging.
Denn ein Großteil von mir ist bei Dir geblieben.

Ein riesiges Loch klafft
und ich weiß nicht,
wie ich es schließen soll.
Warum soll ich -
es ist vorbei, lass ihn ruh'n - verstehn?
Warum soll ich vergessen,
was geschehn?

Warum meint der Mensch,
dass die Verzweiflung, die Leere, der Schmerz

nach fast zwei Jahren
nicht mehr sein darf?
Wie soll meine halbe Seele,
mein halbes Herz, ich halber Mensch
wieder so funktionieren
wie vor Deinem Fortgehen?

Sag mir, wie soll es gehn!
Ich finde keine Antwort.
Der Schmerz ist tief,
und meine Freude ist irgendwo in dem
Schmerz verloren gegangen.
An der Stelle von Glück und Freude
steht jetzt die Einsamkeit,
die Traurigkeit, die Hellhörigkeit
und die Verletzlichkeit.

Keiner weiß mit ihr umzugehen.
Ich auch nicht.
Ich trage Dich in meinem Herzen,
wie ich Dich einst unter
meinem Herzen getragen habe.
Erst wenn mein Herz aufhört zu schlagen,
werde ich Dich loslassen können,
werde ich Dein Fortgehen verstehen,
werde ich vielleicht
Abschied nehmen können.

Inge Müller-Krug

Es ist der 17. Juni 2000. Du bist jetzt genau ein Jahr, sechs Monate und 15 Tage nicht mehr bei mir. So viele Tränen habe ich geweint, so viele Freunde habe ich verloren und soviel Leere und Einsamkeit ist über uns hereingebrochen.
Aber eins habe ich geschafft: Dein Buch. Es ist ab heute zu erhalten.
Ich bin stolz, dass ich Dir diesen Wunsch tatsächlich erfüllen konnte, habe aber auch Angst vor der Resonanz der Leute.
Aber fangen wir da an, wo alles aufhörte.

Viele Tage und Wochen war ich kein Mensch. Ich fühlte mich absolut überflüssig auf dieser Welt. Keiner war mehr da, der mich brauchte, für den ich stark sein durfte. Alles sollte auf einmal wieder normal laufen. Aber was ist normal und wie soll es gehen? Keiner hatte eine Antwort für mich. Ich wurde behandelt wie ein rohes Ei, gemieden, als wenn ich eine Krankheit hätte und ich versank immer mehr in meine Trauer. Frau T., Deine Hausärztin, versuchte mir in Gesprächen wieder auf die Beine zu helfen, aber ich hatte einfach nur den Wunsch, bei Dir zu sein. Ich weiß, Du wolltest es nicht, da ich Deinen Brüdern auch noch tapfer zur Seite stehen soll. Aber im Moment ist es einfach zu viel.

Viel zu viel ist zwischen uns gewesen, als dass ich das einfach so wegstecken und wieder zum Alltag finden kann.
Jedes Kind, das,ob gewollt oder ungewollt, vor der Mutter gehen muss, nimmt einen Großteil von ihr mit. Ich denke , dass es egal ist, wieviel Kinder man zur Welt gebracht hat, da auch Deine Brüder mir weder Trost noch Hilfe nach Deinem Fortgehen geben konnten. Ich war so tief unten, dass es keiner geschafft hätte, mir auch nur eine Botschaft so nahe zu bringen, dass ich sie hätte hören oder verstehen können. Es ist ein Sumpf, der einen in seine Tiefe zieht; und irgendwann gibt man sich diesem Sog hin, ohne an irgendwelche Folgen oder an die Lieben, die einem zur Seite stehen möchten, zu denken. Man hofft nur, dass der unendliche Krampf im Herzen und in der Seele endlich zu Ende gehen soll. Ich habe noch lange Deine vielen Medikamente gehabt, da ich mich einfach von nichts trennen wollte. Oft habe ich sie in den Händen gehalten und einen wirklich harten Kampf gekämpft, sie nicht zu schlucken. Eine Nacht, als ich wieder mit Deinen Pillen in der Hand saß und vor Schmerzen nicht mehr ein noch aus wusste, rief ich E. an. Ich fragte sie, warum sie noch hier sei, wo sie doch ihren einzigen geliebten Sohn auch an diese grauenvolle Krankheit verloren hat und für niemanden mehr hier auf

Erden stark sein muss. Ich wollte ihre Kraft haben und verstehen, wie ich es anstellen solle. Sie sagte mir einen Satz, den ich nie vergessen werde und der mich dazu brachte, am nächsten Tag die ganzen Tabletten, alles abzugeben. Sie sagte mir, dass wir, die wir freiwillig gehen, nicht auf die gleiche Ebene kommen, auf der unsere geliebten Kinder sind.
Dazu kam, dass es Tante Irmgard auch immer schlechter ging und sie nun auch Wasser in der Lunge hatte und regelmäßig punktiert werden musste. Da sie aber im 4. Stock wohnt, war es für sie irgendwann unmöglich, die Wohnung zu verlassen. Ich rief sie an, ob sie nicht zu uns ziehen möchte. Dein Zimmer war jetzt so einsam und doch noch perfekt eingerichtet für Irmgard. Hier hat sie Natur pur vor dem Haus. Die Türen sind breit genug für den Rollstuhl und ich hätte wieder eine Aufgabe. Ich habe sie förmlich angefleht, dass sie zu mir kommen solle. Ich fühlte mich so furchtbar überflüssig und ich habe verlernt, mit gesunden Menschen umzugehen. Auch habe ich wieder verlernt, mir selber etwas zu gönnen bzw. meine ungewollte Freizeit mit Deinen Brüdern und Papa zu verbringen. Eigentlich war ich zu gar nichts mehr fähig. Ich wollte nur Irmgard meine ganze Liebe und Fürsorge geben, die ich Dir nicht mehr geben durfte. Sicher wäre ich dann, nach ihrem Einschlafen

im April 1999, wieder genau dort, wo ich im Dezember 1998 war, und alles würde von vorne anfangen.
Papa war nicht sehr begeistert von meiner Idee, doch er merkte schnell, dass es mir sehr ernst damit und ein Rankommen an mich zu dem Zeitpunkt eh unmöglich war. Ich hatte zu Irmgard von klein auf immer ein enges und gutes Verhältnis gehabt. Irmgard lehnte dann leider ab, da Ursa, ihre beste Freundin, bereits zu ihr gezogen war, um sie zu pflegen.
Ich suchte nach einem Strohhalm aus meinem Sumpf, aber es fiel mir sehr schwer, ihn zu finden. Ihn dann auch noch zu greifen, ist mir fast unmöglich.
Da dieser Strohhalm für mich nicht zu packenwar, suchte ich einen weiteren. Mir fiel Dein Wunsch nach meinem Tagebuch ein und ich versuchte, dies in die Tat umzusetzen.
In den vielen schlaflosen Nächten suchte ich immer und immer wieder all das Aufgeschriebene zu verstehen und die richtigen Worte zu finden. Aber mit jeder geschriebenen oder gelesenen Seite war der unüberwindbare Krampf aufs Neue da. Das Nicht-Verstehen, das Nicht-Akzeptieren, die vielen "Warum" und die Verzweiflung, nicht alles getan zu haben. So vergingen Tage, Wochen, Monate.
Ich denke, wo immer Du jetzt bist, hast Du si-

cher eine Menge Bekannte wieder getroffen. Allein Thomas wird für Dich schon eine Erleichterung gewesen sein, doch jetzt hast Du auch ein Familienmitglied bei Dir.
Es beruhigt mich ein wenig, kann mir aber meine Einsamkeit und mein Unbehagen nicht nehmen.
Du kannst Dir nicht vorstellen, welche Schmerzen der Körper hervorruft. Schmerzen, die ich nicht beschreiben kann. Schmerzen, die nicht nur die Seele krank werden lassen, die ein Weiterleben fast unmöglich machen. Das logische Denken, das die "Normalen Menschen" voraus setzen, ist einfach nicht mehr gegeben.
Am Anfang waren D. und V., wie auch all die anderen Freunde, die uns in unseren letzten zwei Jahren beigestanden und unterstützt hatten, für uns da. Bei D. hielt es nur so lange, bis Klaus ihr Deinen Fernseher, die Stereoanlage und den Receiver wieder gebracht hatte. Da war Eure Wohnung voll und schon konnte sie gegen uns intrigieren. Glaubst Du, es kam einmal die Frage, ob sie Deine Möbel behalten dürfe, oder ein Dankeschön für die vom Vater vorbei gebrachten Sachen? Nichts, absolut gar nichts. Naja, leichter kann man sich eine Wohnung auch wirklich nicht einrichten. Sechs Monate ist sie mit Dir zusammen und schon glaubt sie, dass alles, was Dir gehört, auch ihr gehöre.

Dabei sagtest Du an dem Abend, als wir Dich nach Hause holten: "Papa, Du musst sofort meine ganzen Möbel nachkommen lassen. Sie ist es nicht wert, sie zu behalten." Aber Dir ging es von Tag zu Tag schlechter, also haben wir gar nicht mehr dran gedacht.

Drei Wochen nach Deiner Beerdigung hatte Jana Geburtstag und sie meinte, ich solle kommen, da auch die Fußballfrauen da sein würden. Ich hatte Angst, dass die Frauen sich bei meinem Anblick unwohl fühlten. Ich war schließlich froh, dort gewesen zu sein. Die Fußballfrauen waren nach kurzem "Nicht Wissen, wie verhalten wir uns?" ausgesprochen redselig und lustig. Es tat mir gut, mal wieder plaudernde und lachende Menschen um mich zu haben. Natürlich kamst Du auch nicht zu kurz. Das ist übrigens noch heute so. Wo immer ich bin, erzähle ich von Dir. Du siehst, ich lasse nicht zu, dass Du vergessen wirst. Manche Leute haben damit sicher ein Problem, da sie mich nie ohne Dich antreffen, und die haben sich dann auch zurückgezogen. Aber damit kann ich umgehen. Wer meint, dass man über Tote nicht reden darf, hat das Leben und Lieben wahrscheinlich nie kennen gelernt. Ich bin jedenfalls sehr stolz, Dich als meinen Sohn 19 Jahre geliebt haben zu dürfen.

Deine Grabstätte wollten wir ganz nach Deinen Wünschen herrichten.

Jetzt ging die Suche nach einem passenden Stein los. Im Grunde war ich damit noch total überfordert.

Ich bekam auf der Fahrt nach Rostock meine ersten Punkte. Tief in Gedanken verfallen und den Tränen näher als dem Geschwindigkeitsschild, fuhr ich voll in einen Blitzer. Ich habe mich so furchtbar erschrocken, dass ich fast gegen die Planken geknallt wäre. Voller Wut über den Blitz, glücklich über den gerade noch abgebogenen Unfall und in der depressiven Tiefe, die Dein Stein in mir auslöste, war ich mal wieder außerhalb jeglicher Kontrolle. Der Gedanke, den Blitzer über besagte Planken zu werfen, beruhigte meine strapazierten Nerven etwas und ich konnte wieder "Herr" über Auto und Straße werden.

Wie gefällt Dir eigentlich Dein Stein? Du wolltest ja nichts Gewöhnliches. H. entdeckte den Sandstein und Papa und ich kamen dann auf die Idee, ihn als Deine Lebenssäule herrichten zu lassen.

Vier verschiedene Schliffe. Für alle fünf Jahre einen feineren. Du bist als ungeschliffener Diamant geboren und hast Dich in Deinen nur 19 Jahren zu etwas ganz Besonderem und Perfektem entwickelt. Die Kerze hat nichts mit unserem Glauben zu tun, wie viele vermuten, sondern damit, dass Du die Dunkelheit nicht mochtest. Der Seesand spricht für Deine Vorliebe zum Angeln und Baden.

Ich bin froh, dass er noch Donnerstag vor

Ostern aufgestellt wurde. Denn ohne Stein sah es bei Dir noch viel trauriger aus. Vor allem haben die Kühe vom Holländer genau 24 Stunden nach Deiner Beerdigung das ganze Grab verwüstet, die vielen wunderschönen Blumen und Kränze von den so zahlreich erschienenen Trauergästen. Alles weg. Als wenn ein Orkan über den Friedhof gerast wäre. Oh Gott, tat das weh! Auch hatte ich damals, heute nur noch selten, das Bedürfnis, nach Dir schauen zu müssen. Mit Deiner Beerdigung ging alles viel zu schnell und so habe ich immer das Gefühl, dass Du vielleicht gar nicht tot warst und wir Dich lebendig begraben haben. Am liebsten hätte ich nachts den Sarg ausgegraben und geschaut, wie Du liegst. Meinen Klaus habe ich wohl ziemlich verrückt damit gemacht. Er sagte mir, dass bei Deinem Transport von zu Hause in die kleine Kapelle und dann zu Deiner letzten Ruhebettung Unebenheiten gewesen sein mögen und so Deine Lage sich vielleicht verändert haben könne.

Ich habe mich mit Betroffenen unterhalten, die diesen Alptraum auch haben und die mehr Zeit bis zur Beerdigung ihrer Toten besaßen.

Ich möchte mich ganz lieb bei Dir bedanken, dass Du mir gezeigt hast, wo Du heute bist und das es Dir gut geht. Du sagtest, dass Du jetzt glücklich bist und nicht wieder zurückkommen möchtest. Leider machst Du Dich ziemlich rar in letzter Zeit. Ich würde gerne, jedenfalls ab und an einmal, wissen, wie es Dir geht und ob Du mit allem, was wir nach Deinem Tode für dich arrangiert haben, einverstanden bist. Leute, die das hier lesen werden, denken sicher, ich bin durchgeknallt. Aber weit gefehlt. Ich habe Dir immer gesagt, dass ich Dich gehen lasse, wenn Du regelmäßig in meinen Träumen erscheinst oder mir auf anderem Wege Deine Botschaften mitteilst. Von regelmäßig kann leider keine Rede sein, aber immer wenn ich im Begriff bin, etwas Dummes zu tun, oder mir mein Herz vor Sehnsucht nach Dir zerreißen will, gibst Du mir irgendeine Botschaft. Du lässt mich dann auch unmittelbar danach wach werden, damit ich es ganz bestimmt nicht vergessen kann. Ich liebe Dich immer noch unendlich.

Ich denke auch, dass Du nicht ganz unschuldig daran bist, dass mein Geschäft so gut angelaufen ist. Es ist schön, dass ich jetzt jemandem mit Gesicht und Namen habe, zu dem ich sprechen kann. Du hast einen Vorteil. Du weißt jetzt, ob es jemanden da oben gibt, der angeblich seine schützenden Hände über uns hält. Was mich interessiert, warum hat er ausgerechnet Dich genommen? Warum nimmt er einen immer gesunden, fleißigen und unendlich lieben Jungen

wie Dich? Warum versucht er nicht, unsere Welt zu reinigen und holt sich den ganzen Abschaum an Mördern, Vergewaltigern, Terroristen usw.? Vielleicht magst Du mir ja irgendwann auch auf diese Fragen eine Antwort geben. Vielleicht schaffst Du es, dass ich irgendwann wieder in die Kirche gehen kann.
Oft habe ich ein schlechtes Gewissen Dir gegenüber. Denn ohne Deine verfluchte Krankheit hätte der Papa mir nie erlaubt, mich selbstständig zu machen. Und nun habe ich Veranstaltungen, bei denen wir so viele nette Leute kennen lernen. Du hättest sicher auch Deine Freude dran. Dem Stress einer neuen Ausbildung hättest Du Dich gar nicht unterziehen müssen. Wir beide würden die kleine Firma ganz nach oben bringen. Aber ich denke doch, dass Du auch weiterhin auf uns aufpassen wirst.
Viele Wochen, ja Monate sind vergangen, da ich ohne Dich leben muss. Ist es wirklich Leben oder ein Fortlaufen vor dem Leben? Ich kann es Dir nicht sagen.
Die Versuchung, Dir zu folgen, ist sehr groß. Zum Zeitpunkt Deines Fortgehens war an diesem Versprechen, das ich Dir geben musste, das schwerste, es auch zu halten.
Ich befand mich in einem Sog, der mich tiefer und tiefer in ein großes Loch zog, das ohne Boden und Netz war.

Du hattest Deinen Kampf mit dem Tod verloren. Jetzt war es an mir, den Kampf mit dem Leben zu verlieren. Nur weiß ich nicht, wer der Glücklichere von uns beiden mit seinem verlorenen Kampf ist. Für mich ist das Leben hier auf Erden seit vielen, vielen Monaten eine Qual.

Wen können Deine Brüder fragen,
wenn ich nicht mehr bin?
Wie können Deine Brüder leben,
wenn ich nicht mehr bin?

Du sagst nein,
mein Verstand sagt nein,
doch mein Herz?
Du bist so stark,
viel stärker als ich.

Deine Kraft zieht mich in einen Bann,
dem ich kaum zu entfliehen vermag.
Es gibt nichts,
was mit Dir nicht in Verbindung
gebracht werden kann.

Gib mir die Kraft, wieder so zu sein,
wie ich einst einmal war.

Doch ich hatte Dir so viele Versprechen gegeben, die ich erst umsetzen musste. Da gab es mein Tagebuch, das ich nach Deinem Fortgehen veröffentlichen sollte.
Deine größte Angst war es, vergessen zu werden. Und durch mein Tagebuch wirst Du vielen einen Zeitlang in Erinnerung bleiben.
Also setzte ich mich an den Computer und fing an, mein Tagebuch so umzuschreiben, bis ich der Meinung war, jetzt könne es in die Öffentlichkeit.
Doch so leicht war es nicht. Zum einen versackte ich immer und immer wieder in meinen Depressionen, und dann sagten viele Verlage ab, da sie schon zu viele Bücher wie dieses verlegt hätten. Andere meinten, dass es nicht in ihr Gebiet falle. Doch endlich bekam ich eine Telefonnummer vom Scheunenverlag. Ich rief dort an und sie vereinbarten einen Termin mit mir.
Nachdem die Formalitäten geklärt waren, ich mit Papa gesprochen hatte, ob wir uns die finanzielle Vorauszahlung leisten könnten, ging unser Buch in Druck.
Wenn das Buch gut ist, wenn dein Schicksal viele Menschen interessiert, dann bekommen wir soviel Geld zurück, dass wir anderen Menschen helfen können, die ein ähnliches Schicksal haben wie Du.

Falls alles klappt, ist am 22. Juni 2000 die Buchpremiere. Mal sehen, was dann auf uns zu kommt. Ich werde Dich jedenfalls auf dem Laufenden halten. Ich bin froh, wieder zu schreiben. So fühle ich mich, als wenn Du gar nicht allzuweit weg bist. Oh Gott, ich habe Dir soviel zu erzählen.

Ich hätte nie gedacht, dass Deine, unsere Geschichte, derart viele Menschen interessiert und berührt. Es begann für mich eine Zeit, die ich heute schlecht einordnen kann. Zum einen war ich stolz, zum anderen auch wieder stark betroffen. Wühlte es doch den ganzen Schmerz um Deinen Verlust auf. Plötzlich wurde ich angesprochen, erhielt Briefe und vieles mehr. Es war so schön, über Dich reden zu dürfen, doch die Buchlesungen waren und sind heute immer noch sehr schmerzend. Über Dich zu reden ist etwas anderes, als über Dich zu lesen. Im Buch werde ich wieder mit den grauenvollen Fakten konfrontiert. Sofort sehe und höre ich Dich, und das tut so verflucht weh. Aber alles, was Dich in den Herzen und Köpfen der Menschen verhakt, werde ich weiter tun.

Hast Du eigentlich gewusst, dass H. nur Deinetwegen den Kontakt zu uns gehalten hat? Ich dachte immer, dass sie uns als Familie etwas in ihr Herz geschlossen hat. Tja, mein Liebling, so habe ich nicht nur Dich verloren, sondern auch einen Menschen, dem ich stets sehr zugetan war.

Die Gelder, die wir damals für Dich in der Privatklinik in Edenkoben bezahlen mussten, haben wir auch wiederbekommen. Allerdings musste ich mir einen Anwalt nehmen. Die Adressen und Telefonnummern bekam ich über die Ärztekammer in Schwerin. Wenn ich denke, wie oft ich bei Deiner Krankenkasse angerufen und hingeschrieben habe. Immer ohne Erfolg. Dann gibt es einen Brief vom Anwalt und wir haben sogar noch die restliche Zahlung für die Medikamente aus Rußland bekommen. Damals hatte ich nicht einmal Widerspruch eingelegt, da es Wichtigeres gab.

12. Juli 2000

Heute war wieder mein Verleger hier. Ich musste unbedingt mit ihm sprechen. So viele liebe und herzliche Worte habe ich über unser Buch gehört. Du kannst Dir gar nicht vorstellen, wie viel Menschen großes Interesse an Dir haben. Das Buch wird unwahrscheinlich gekauft und ich denke, Du würdest Dich gut fühlen. So ist es doch gekommen, wie Du es Dir gewünscht hast. Nur ich habe da noch meine Probleme. Also bat

ich Andreas, den Verleger, zu mir, um mir einige Ratschläge geben zu lassen. Jedesmal, wenn mich liebe Leute auf das Buch ansprechen, stehe ich da wie ein Depp und weiß nichts zu erwidern. Ein Danke kann ich mir noch abringen, aber dann kämpfe ich auch schon wieder mit meinen Tränen. Du weißt ja, wie ich mich fühle, wenn ich in der Öffentlichkeit heulen muss. Es ist ja ein beruhigendes Gefühl, dass unser Buch so gut angenommen wird, aber besser wäre es, wenn ich es niemals hätte schreiben müssen. Da nutzen mir auch die vielen netten Worte nichts. Wenn ich dann noch an nächste Woche denke, wo mir die Buchpremiere bevorsteht, wird mir ß in der Magengegend ganz flau.
Übrigens kannst Du stolz auf mich sein. Ich habe es zwar immer noch nicht auf die Kinderonkologie geschafft, obwohl ich mir fest vorgenommen habe, das Buch dort persönlich abzugeben, aber ich habe angerufen. Du kannst Dir sicher vorstellen, wie ich mich freute, als Danny sich meldete. Ich hoffe und wünsche mir sehr, dass eine der lieben Schwestern zur Buchpremiere kommen könnte. So habe ich auch erfahren, dass Tilo, Dein Zimmerkamerad, jetzt im Prüfungsstress steht und Stefan irgendwo im Süden lebt. Schön zu wissen, dass es Jungs gibt, die wie Du den gleichen Kampf kämpften und heute ein hoffentlich sehr glückliches Leben führen.

Heike will auch zur Premiere kommen. Das ist mir ganz doll wichtig, weiß sie doch durch den Verlust ihres geliebten Thomas, wie mir ums Herz ist. Sie ist die einzige aus unserer so schweren Zeit, die mir immer noch lieb und teuer ist. Ich denke, dass es ihr ähnlich geht.
Übrigens hat Heike auch noch nach Thomas Fortgehen Kontakt zu den "Bözen Onkels" gehalten. Als sie der Gruppe mitteilte, dass Thomas eingeschlafen ist, haben sie eine neue CD aufgenommen mit zwei, drei Liedern, die auf Thomas gemünzt waren. Ein Titel heißt zum Beispiel "Ich pflücke rote Rosen für Dein Grab." Ich weiß nicht, warum man solche Gruppen aus den Medien fern hält. Können wir die Wahrheit nicht mehr vertragen, oder haben die Oberen Angst, dass bestimmte Texte von bestimmten Gruppen mehr Gehör finden als die lapidaren Texte der unendlich vielen anderen Gruppen? Ich weiß es leider nicht. Nur eines weiß ich: dass die Bözen Onkels bestimmt nichts Rechtsradikales verkörpern. Die Politiker sollten lieber mal in ganz anderen Regionen einen Riegel vor schieben.

Am 15. Juli hat Robert seinen Abiball. Es wird wohl ziemlich groß gefeiert. Dein Bruder gehört zu den Auserwählten, die zu organisieren haben. Wir sind wieder als Catering dabei. Das habe ich mir als zweites und sichereres Standbein aufgebaut. Muss aber auch gleich dazu sagen, dass ich ohne die Hilfe Deiner Brüder, Deines Vaters und der Familie Hauck es nicht gepackt hätte. Haucks sind einmalig und ich bin froh, sie nach wie vor als Freunde in unserer Familie zu wissen.

Robert hat seit einiger Zeit auch endlich eine feste Freundin. Ich bin jetzt allerdings etwas vorsichtiger, was die Herzlichkeit betrifft. Noch einmal werde ich nicht so offen auf ein Mädel zugehen, wie ich es bei D. tat. Gebranntes Kind scheut das Feuer.
Willi steht zur Zeit mal wieder mächtig im Stress. Die Erntezeit hat begonnen und so muss ich leider auf unsere Gespräche verzichten. Es tut immer noch gut mit ihm zu reden. Er kann sehr gut zuhören und erzählt auch immer noch gerne über Dich. So etwas ist nach wie vor ein Ohrenschmaus für mich.
Übrigens hat Gabriel mir erzählt, dass Du bei ihm Trecker gefahren bist. Hast beim Ausmisten geholfen usw.. Das wusste ich bis dato nicht. Hast bestimmt gedacht: regt sich die Mutter bloß wieder auf. Hätte ich auch, mein Kind. Schließlich warst Du noch in Chemotherapie und die Infektionsgefahr ist dann ziemlich groß. Dazu hast Du noch nicht einmal Deinen Mund-

schutz getragen. Zu Hause haben wir die Hunde nicht an Dich heran gelassen und dort fährst Du Trecker und mistest aus - und alles schon mit Deiner Prothese!
Heute bin ich froh, dass Du es getan hast und ich nichts davon wusste. Wer weiß, was mir noch alles mitgeteilt wird. Ist für mich ein schönes Gefühl, etwas Unbekanntes über Dich zu erfahren.
Deshalb schreibe ich auch wieder gerne. Es ist das einzige, was ich noch habe, und es ist mir so vertraut, als würde ich mit Dir reden. Es ist nur ungewohnt, weil mir auf viele Fragen Deine Antworten fehlen.
Ein wenig überflüssig komme ich mir immer noch vor. Besonders schlimm ist es, wenn ich nichts zu tun habe. Papa sagt, dass ich auf zu vielen Hochzeiten tanze und mir irgendwann auch einmal eine Pause gönnen müsse. Aber gerade mit diesen Pausen kann ich noch immer nicht umgehen. Wenn ich viel arbeite und abends todmüde ins Bett falle, so dass ich gleich einschlafen kann, dann ist es ein guter Tag -auch wenn die Nacht oft nach wenigen Stunden zu Ende ist, weil ich einfach nicht mehr schlafen kann. Aber dann habe ich wieder Zeit zum Schreiben.
Es ist eigenartig, wie schnell sich ein Mensch auf eine Katastrophe einstellen kann und wie lange

es dauert, das "normale Leben" wieder in den Griff zu bekommen.
Wie würdest Du es finden, wenn Dein, unser Buch verfilmt werden würde? Dann würde Dich nicht nur ganz Deutschland kennen. Aber im selben Moment habe ich auch Angst davor. Weiß ich doch nicht, ob Deine ganze Persönlichkeit wirklich so dargestellt werden würde. Ach, Deine Mutter hat schon wieder Hirngespinste. Aber ich sah kürzlich den Film mit Julia Roberts, in dem sie den krebskranken jungen Mann pflegte, und es berührte mich sehr. Sich mit Dir zu beschäftigen, auf welche Art und Weise auch immer, tut mir unwahrscheinlich gut. Irgendwann ist das Buch gelesen und Du gehst aus dem Gedächtnis der Menschen - und das darf einfach nicht sein!

Es ist der 24. Juli und ich habe unsere Buchpremiere mehr schlecht als recht über die Bühne gebracht. Es ist wirklich sehr, sehr schwer, über Dich in der Öffentlichkeit zu reden. Viele liebe Menschen waren da, doch die Situation war sehr bedrückend. Ich hoffte, dass ich mich gut unter Kontrolle hätte, doch dann stand Schwester Danny an der Tür. Ich freute mich riesig, sie nach so langer Zeit wieder zu sehen. Aber im selben Augenblick war da auch wieder die Station und das ganze Elend, das Du hattest durchleben müssen. Auf einmal war dieser Schmerz wieder da, diese Hilflosigkeit und das Gefühl, versagt zu haben. Warum bin ich hier auf dieser Buchpremiere? dachte ich, doch nur, weil ich als Mutter versagt habe. Auch wenn dieses Buch Dein Wunsch war, zeigt es mir gleichzeitig, dass nicht nur Gott seine schützenden Hände von Dir genommen hatte. Wieder waren diese vielen "Warum" da. Warum konnte ich Dich nicht halten? Warum gab es keine Medikamente oder Operationen, die Dir halfen? Warum, Warum, Warum!!!
Ich war nicht in der Lage, mich zu beruhigen. Robert sagte ich zuvor, dass ich ihn kneifen würde, wenn mir die Tränen kämen. Er meinte,

dass er sein ganzes Repertoire aufweisen würde, um mich vom Weinen abzuhalten. Ich solle mir keine Gedanken machen. Doch ich kam gar nicht zum Kneifen. Er schob seine Hand unter meine und drückte und streichelte mich. Doch auch er war überfordert mit dieser Situation. Ich sagte zu Andreas, dass ich jetzt gerne rauchen würde, um mich wieder einzukriegen. Er meinte, dass ich es tun solle, aber ich traute mich nicht. Der Saal war voll und es herrschte absolute Stille. Da auch mein Verleger mit dieser Situation überfordert war, fing er aus unserem Buch zu lesen an. Da war es endgültig mit mir vorbei. Ich bat Andreas, mit dem Lesen aufzuhören, und entschuldigte mich beim Publikum, dass ich dieser Situation einfach nicht gewachsen sei und unbedingt raus müsse. Robert und E. eilten mir nach. Ich war kaum in der Lage, mir eine Zigarette anzuzünden, so schlotterten mir die Knochen. Auf einmal waren all meine lieben Freunde um mich herum und versuchten, mich aufzubauen. Nach dieser ungewollten Pause hatte ich mich wieder einigermaßen im Griff.

Es kam dann noch zu einer Gesprächsrunde, in der ich nochmals auf das Koppeln der Schulmedizin mit den Alternativmethoden hinwies. Ich bin mehr denn je davon überzeugt, dass eine höhere Heilungschance oder, wie in Deinem

Fall, eine lebensverlängernde Möglichkeit dadurch geschaffen werden kann.
Am Abend waren Heike, Haucks, Christin und Willi bei uns. E. wollte auch noch kommen, doch zuvor wolle sie K. einen guten Tag wünschen. Zwei Stunden später kam sie auch und verabschiedete sich nur noch. Auf mein Fragen, was denn los sei, meinte sie, dass sie das soeben Gehörte erst verarbeiten müsse und jetzt nicht mit uns darüber sprechen möchte. H. hatte nichts Besseres zu tun, als über uns zu tratschen. Nicht schon schlimm genug, dass sie uns das Leben nach Deinem Fortgehen um ein Vielfaches schwerer gemacht hat, jetzt nimmt sie sich Personen vor, die von dem ganzen Trubel gar nichts wissen. So hat sie es mal wieder geschafft, mich nach dem wirklich schlimmen Tag noch tiefer zu reißen, als ich eh schon war. Ich dachte, die psychische Belastung würde irgendwann ein Ende nehmen, aber sie sorgt regelmässig dafür, dass dies auf keinen Fall passieren wird.

Die, die meinen, ich sei hart geworden,
sind die, die sich nicht die Mühe machen,
durch das Verbitterte hindurch zu schauen,
sind die, die nicht versuchen zu verstehn,
sind die, für die das Leben
Selbstverständlichkeit ist.

Hab ich Dir eigentlich von Großmuttis 70. Geburtstag erzählt? Christin wollte Chrisi mit nehmen, da wir arbeiteten und ich nicht wollte, dass er wieder alleine zu Hause bleiben musste. Leider rief sie ein paar Tage vorher an, dass Line Franzi schon am Freitag hole und deshalb Samstag nicht extra noch einmal den weiten Weg fahren wolle. Ich solle doch H. fragen, ob sie Chrisi nicht mitnehmen könnte. Da ich ja im guten Glauben war, dass sich unser Verhältnis ein wenig gebessert habe, hatte ich keine Bedenken und rief an. Sie willigte sofort ein. Ich sagte ihr, dass Christin die volle Verantwortung für Chrisi übernehme und sie sich um ihn gar nicht kümmern müsse. Chrisi war noch gar nicht ganz auf Poel - dort wurde gefeiert -, da rief er mich schon an. H. habe ihn runtergeputzt, da er D. nicht die Hand zur Begrüßung geben wollte. Du musst wissen, dass sie jetzt mit H.s Sohn zusammen ist. Sie meinte, dass ich ihm das eingebleut hätte und sie seinetwegen auf einen gemeinsamen Familienausflug verzichtet habe. Jedenfalls hatte Dein Bruder die Schnauze voll und wollte sofort nach Hause. Ich legte ihm wieder Christin ans Herz und sagte ihm auch, dass er der ganzen Sippe aus dem Weg gehen solle.

Grossmutti rief mich ein paar Tage zuvor an und bat mich, Chrisi ein paar Bücher mitzuge-

ben, da welche bei ihr bestellt waren. Sie bat aber auch darum, dass Chrisi sie verteilen solle, da Grossmutti an dem Tag die Nerven nicht dafür habe.
Es dauerte vielleicht eine Woche, bis wir von Bekannten erfuhren, dass sich Chrisi ganz furchtbar benommen haben soll und die Bücher förmlich vermarktet hat. Also rief ich meine Mama an und fragte nach besagter Situation, die H. als so furchtbar empfunden hat, dass sie es gleich erzählen musste. Meine Mama wusste nichts dergleichen und war sehr dankbar darüber, dass Chrisi die Bücher verteilte und ansonsten total unscheinbar war. Das einzige, was ihr auffiehl, war, dass Christin nach Erhalt des Buches raus ging und weinen musste. Daran ist zu ersehen, wie sehr sie Dir zugetan ist.
Mit ihr wärst Du sicher glücklicher gewesen, hättest Du es nur zugelassen. Christin hätte nicht Dein für Dich so wichtiges Bett verboten, obwohl es doch Deine Wohnung und zu 80% Deine Möbel waren. Auch die Tatsache, dass D. mehrere Tage brauchte und sich von K. überreden lassen musste, um Dir wieder nach Hause zu folgen, wäre bei Christin unvorstellbar gewesen.
Ich habe Christin Deine goldene Kette geschenkt. Ich denke, dass es in Deinem Sinne ist. Sie hat gar nichts von Dir und ich wüsste keinen würdigeren Träger als Christin.

Heute ist wieder einer der Tage, an denen ich mich frage, wie ich so lange ohne Dich leben kann.

Es ist der 29 Juli, 3.30 Uhr, und ich finde mal wieder keinen Schlaf. In Lühburg war Dorffest und ich dachte, dass es mir gut täte, raus zu kommen. Leider sprachen mich viele auf unser Buch an, und schon war der Schmerz wieder da. Nach knapp zwei Stunden fuhren wir nach Hause, da der Schmerz so mächtig wurde, dass ich einfach keine Lust mehr verspürte, mich weiter zu unterhalten.
Ich lese an solchen schmerzvollen Tagen immer in unserem Buch. Der Schmerz über Deinen Verlust ist so gewaltig, dass es mir wieder und wieder das Herz zerreißt. Wenn Du nur wüsstest, wie sehr Du mir fehlst. Es gibt einfach nichts, was die Leere in mir ausfüllen könnte. Dann schaust Du mich von den vielen Bildern in unserem Haus an und das Gefühl des Alleinseins wird immer mächtiger. Wenn ich Dich doch wieder haben könnte, wenn ich Dir erzählen könnte, wie schrecklich es ohne Dich ist, wie unendlich traurig ich bin und wie gern ich Dir durch Dein schönes, dickes lockiges Haar streichen möchte. Wenn ich die letzten Seiten in unserem Buch lese, sehe ich Dich vor mir und weiß, dass es in dem Zustand für Dich das Beste war, zu gehen. Aber warum musste es soweit

kommen? Warum konnten wir im Vorfeld nicht etwas tun, was das Unglück verhindert hätte? Wieder wird es eine Nacht werden, in der ich vor lauter Weinen nicht in den Schlaf kommen werde und mich die Sehnsucht nach Dir auffrisst. Lass Dich doch bitte wieder in meinen Träumen sehen! Nur einmal wieder mit Dir reden, Dich berühren können und Deine Meinung über diese und jene Sache erfahren. Wie würde ich mich darüber freuen! Damals habe ich krampfhaft versucht, Dir nicht ständig hinterher zu telefonieren, aber jetzt ist das schon so verflucht lange her, dass ich wohl doch irgendwann verrückt werde, wenn Du Dich nicht endlich meldest.
Jetzt schreibe ich Dir wieder, aber durch unser Buch fängt für mich die Hölle aufs neue an. Es ist alles so frisch und es tut mehr weh als je zuvor. Nur kann ich jetzt mit keinem mehr darüber reden. Ist es doch schon ein Jahr, sieben Monate und 25 Tage her, und man setzt wohl voraus, dass der Schmerz geringer wird. Aber weit gefehlt.
Er ist unendlich grausam!

Einsamkeit

Jede Stunde, jeden Monat ein Stückchen
Einsamkeit mehr.
In Zwiesprache verfallen,
genieße ich die Zeit mit Dir.
Ich verliere den Kontakt zu denen,
die mich lieben.
Verliere zu verstehen,
was sie mir sagen.
Verliere zu akzeptieren,
dass ich hier auf Erden gebraucht werde.
Immer und immer wieder versuchst Du es,
mir mein Leben in der Öffentlichkeit,
in mein privates Leben zu geben.
Doch immer wieder sage ich Dir,
dass ich es ohne Dich nicht mehr schaffe.
Du bist mein Gott,
mein Heiland.
Alles, was mich auf dieser Erde
verweilen lässt.

Ich habe die letzten paar Stunden doch noch mehr schlecht als recht geschlafen und hatte nach dieser grauenvollen Nacht tatsächlich Lust, im Vorgarten Unkraut zu jäten.
Robert war mit Susi und noch zwei Mädels in Neukalen und jetzt schlafen sie noch.
Also für mich die richtige Zeit, nach draußen zu gehen. Es regnet gerade mal nicht und die Luft ist angenehm warm. Eigenartig, dass ich immer, wenn es mir schlecht geht, diese Art von Arbeit erledige. Denn sonderlich viel Spaß habe ich an Gartenarbeit noch nie gehabt, aber es räumt ein wenig die Gedanken auf.
Vergiss nicht, dass ich auf Dich warte. Lass es nicht zu, dass ich wieder in ein Loch falle, aus dem Du mich mühsam herausgeholt hast.

Ich danke Dir, dass Du mich nur noch einige Tage hast warten lassen. Leider war es sehr kurz und ich hatte nicht einmal die Chance, Dich in den Arm zu nehmen, da unser Vater so verschnupft war, dass er mich durch sein extremes Schnarchen weckte. Leider konnte ich nicht da weiter träumen, wo ich aufhörte, und so hoffe ich auf ein Neues.

Papa fährt im September zur Kur. Ich denke, dass es sehr gut für ihn ist. Zuviel ist passiert, was auch er nicht verarbeiten konnte. Zu oft wurde er von seinem besten Freund enttäuscht. Das alles führte dazu, dass er ihn aus unserem Haus warf. Was immer da vorgefallen ist - Klaus muss furchtbar tief verletzt worden sein, weil er sonst niemals zu solch einem Schritt fähig wäre. Was meinen diese Leute damit erreichen zu können? Glauben sie wirklich, beurteilen zu können, wie es uns geht und was für uns gut oder weniger gut ist? Wieso kann dieser vermeintliche Freund nicht ein Freund sein wie Willi oder Gaston? Warum kann er von irgendwem Gehörtes nicht für sich behalten, wo er doch wissen muss, dass er Klaus damit fürchterlich verletzt? Warum glaubt er irgendwelchen Menschen mehr, zu denen er noch nicht so lange in Kontakt steht? Ich kann es nicht verstehen und auch ganz sicher nie vergessen.
Seit Deinem Fortgehen hatten wir keine Chance, zur Ruhe zu kommen. Immer wieder suchen uns böse Worte und Verleumdungen von solchen "Freunden" und Verwandten heim. Ich habe gelernt damit umzugehen, nur Papa kann es leider noch nicht. Ich kann mir den ganzen Frust von der Leber schreiben, aber Papa frisst alles in sich rein. Und dann dieser Tiefschlag. Ausgerechnet von seinem besten Freund! Das war

doch zu viel. Wie kann man nur auf Klatschweiber hören und dann hier eine Show abziehen, als wenn er überall zugegen gewesen wäre und die Weisheit mit Löffeln gefressen hätte? Ich kann es nicht nachvollziehen, und Klaus leider auch nicht. Gerade Klaus, der immer da ist, wenn man ihn braucht, sich immer die Zeit nahm, wenn er beispielsweise mit Freunden und Verwanden zum Angeln raus wollte. Aber gute Erlebnisse vergisst man ja viel leichter. Schade, schade, lieber E!!!
Weißt Du, was mir immer bewusster wird? Papa hat mit Deinem Fortgehen auch noch heftige Probleme. Alles, was er früher mit Dir unternahm, unternimmt er jetzt mit Chris. Die Ähnlichkeit, die Dein kleiner Bruder mit Dir entwickelt, ist wirklich nicht zu übersehen. Da ist das Interesse zum Angeln und Baden, der Spaß am Basteln und Bauen, und von beiden Seiten kommt jetzt auch die Akzeptanz.
Als ich Mittwoch aus meinem Laden nach Hause kam, lag ein großes rotes Herz auf dem Küchentisch. Auf dem stand geschrieben: Ich hab Dich ganz doll lieb. Ich wünsche mir so, dass er in Chrisi ein wenig das wiederfindet, was er mit Dir verloren hat. Wenn er doch bloß einmal bereit wäre, mit mir zu reden. Aber immer, wenn ich versuche, auf Dich und seine Gefühle zu kommen, blockt er ab. Der Schmerz

sitzt in ihm so tief, dass ich nicht weiß, wie lange er mit dem ganzen Stress, der noch von außen auf ihn einwirkt, durchhält. Er sieht oft so traurig, müde und kraftlos aus, dass ich Angst habe, ihm könnte etwas passieren.

Wieso kann er nicht weinen,
so wie ich?
Wieso nicht seine Wut heraus lassen,
so wie ich?
Wieso nicht reden über Dich,
so wie ich?

Uns wurde es nicht gegönnt, in Ruhe Abschied zu nehmen und unsere Trauerverarbeitung so zu erleben, wie wir es für richtig halten. Warum versucht man, uns Vorschriften zu machen, wie unsere Gefühle nach außen hin jetzt zu sein haben? Sie haben doch noch nie ein Kind verloren und wissen nicht, wie wir uns fühlen. Ach, es ist alles so furchtbar traurig, dass ich wirklich nicht weiß, warum wir das aushalten sollen.

19. August

Das erste mal nach Monaten, Jahren genieße ich das Gefühl, meinen Kopf richtig frei zu haben. Ich habe wirklich ein entspanntes Wochenende hinter mir. Papa ist auf Arbeit, Christi in den Ferien und Robert mit Susi auf Achse. Erst einmal habe ich Samstag, nachdem ich nicht zur Ruhe kam und wieder nächtens Hausputz betrieb, doch noch bis elf Uhr geschlafen. Dann habe ich mich um meine Firmenbücher und mein Wohlbefinden gekümmert. Abends, nachdem ich Robert und Susi nach Viecheln zum Tanz gefahren habe, schaute ich mir schöne, alte Rumpelkammerfilme an. Heute bin ich viele Stunden mit den Hunden über die abgeernteten Felder gelaufen. Es ist herrlicher Sonnenschein draußen und eine absolute Stille. Ich weiß nicht, wann ich das das letzte Mal so genossen habe. Ich fühle mich frei und bin das erste Mal ein wenig glücklich.

Zwei lange Tage keine Gedanken darüber, ob ich doch eine Teilschuld mittrage, weil ich mich für den falschen Chemoblock entschieden oder Dir die falschen Gene vererbt habe, oder über Chrisi, der so viel Ähnlichkeit mit Dir hat, dass er vielleicht auch diese kranken Gene von mir geerbt hat und - und - und. All diese furchtbaren Gedanken sind zumindest für dieses Wochenende aus meinem Kopf gewesen.

Ich werde mich jetzt bei Haucks auf einen Kaffee einladen. Sie waren so lieb und luden mich schon am Mittag zum leckeren Rehbraten ein. Bei der Gelegenheit fällt mir ein, dass ich weder Frühstück noch Mittag hatte. Also bis irgendwann wieder.

21. August

Nach dem herrlichen Wochenende bin ich so voller Tatendrang und Optimismus, dass ich Dir einfach wieder schreiben muss.
Es ist zwar ein sehr verregneter Tag, aber auch mein Verleger hatte einen schönen Montagmorgen und wollte mich daran teilhaben lassen. Andreas kennt Prof. Ingo Richter aus früheren Zeiten und hatte ihm unser Buch geschickt. Nun rief Prof. Richter bei ihm an und mein Verleger fragte ihn, ob er für die 2. Auflage des Buches ein Nachwort schreiben würde. Ich war sehr erfreut über dieses Interesse.
Vielleicht gibt es ja bald wieder engeren Kontakt zur Kinderonkologie, da durch den Verkauf Deines Buches Gelder reinkommen, die ich doch sehr gerne der Station zur Verfügung stellen möchte.
Jetzt bin ich so motiviert, dass ich es endlich geschafft habe, mich nach dem Namen des Arztes zu erkundigen, der Dich erst Wochen später

zum MRT schickte. Nach einigen Telefonaten hatte ich den Namen.
Vielen Dank all den vielen Auskunftgebern. Dann telefonierte ich wieder mit der Ärztekammer in Rostock. Dort wurde ich mit der Rechtsabteilung verbunden. Ich erklärte meine traurige Lage und dass ich nicht einsehe, dass soetwas ungestraft bleiben darf. Sie riet mir, alles schriftlich niederzulegen und an sie zu schikken. Leider kann sich das Ganze über einen längeren Zeitraum hinziehen, aber jetzt haben wir ja alle Zeit der Welt.
Wenn ich das psychisch und zu unserer Zufriedenheit durchgestanden habe, habe ich alles erfüllt, worum Du mich gebeten hast.
Vielleicht komme ich dann endlich zur Ruhe und kann mich nur noch den schönen Erinnerungen widmen.

Jetzt sind Chrisi und ich bereits eine Woche alleine. Papa ist zur Kur und unseren Robert haben sie zum Bund gezogen. Ist etwas gewöhnungsbedürftig, solch großes Haus für nur zwei Leute.
Chrisi hatte ganz doll damit zu kämpfen, dass uns der Vater einfach verlässt. So viele Tränen musste er weinen und wollte Papa gar nicht los lassen. "Ich fahr doch nur für drei Wochen auf Kur und bin dann wieder zu Hause." Aber auch

alle Worte halfen nicht, die große Angst des Verlierens zu beschwichtigen. Ich hatte hart mit mir zu kämpfen, nicht ebenfalls in den tränenreichen Segen mit einzustimmen. Unser Chrisi hat die Kur wohl gleichbedeutend mit Krankenhaus gesetzt und das Gefühl, dass auch Klaus nicht wiederkommen könnte, hat wieder alle Ängste freigesetzt. Papa hat ihn dann ganz fest gedrückt und ihm gesagt, dass er nicht krank sei und auch ganz sicher wieder nach Hause kommen wird.

Die beiden haben sich sehr aufeinander eingespielt. Vielleicht auch, weil ihr beide soviel Ähnlichkeit habt. Je älter Chrisi wird, desto mehr stellen wir Züge an ihm fest, wie wir sie schon bei Dir kennen lernen durften. So viele für Dich typische Äußerungen, die jetzt über Chrisis Lippen kommen. Manchmal erschrecke ich richtig und muss zweimal hinsehen, wer da gerade spricht. Auch seine handwerklichen Fähigkeiten sind um ein Vielfaches besser geworden. Er liebt die körperliche Arbeit genau wie Du. Weißt Du, wie schön es war, mit ihm sein altes Kinderzimmer zu tapezieren? Da fällt mir unser erster Versuch ein mit dem Bad. Du warst damals so alt wie Chrisi jetzt und wir hatten beide noch nicht sonderlich viel Ahnung vom Tapezieren, haben aber unser Bestes gegeben. Jetzt ist Chrisi mit genauso viel Spaß und Phantasie bei der

Sache. Es ist ein wirklich schönes Gefühl. Ich bin froh, den lütten Schieder zu haben. Er hilft mir über so manche traurigen Augenblicke hinweg. Ich hoffe nur, dass ich nicht den Fehler mach und ihn noch enger an mich binde, wie ich es bei Dir getan habe. Dann werde nicht nur ich es wieder sehr schwer haben, ihn eines Tages ziehen lassen zu müssen. Ich weiß, dass dieser Tag kommen wird und ich habe Angst davor, auch wenn ich weiß, dass die Trennung dann nicht so endgültig sein wird.
Robert dagegen hat sein eigenes Leben bereits fest in seine beiden Hände genommen. Wir telefonieren oft miteinander, und wann immer es geht, kommt er nach Hause. Zur Zeit ist er nicht sonderlich gut drauf, da sie auch beim Bund Schule haben und er meinte, dass nach 12 Jahren wohl eine Ruhepause angebracht sei.

Heute hat Robert wieder Post von einem seiner Bewerbungsbetriebe erhalten. Ich rief ihn an, ob ich seine Post öffnen dürfe. Diesmal hatten wir tatsächlich eine positive Zuschrift. Papa wäre es lieber gewesen, er hätte gleich studiert, aber Dein Bruder hat sich anders entschieden. Jetzt wird er erst einmal Steuerfachgehilfe und will sich während der Lehre für eine Studienrichtung entscheiden.
Nun aber zu den neuen Ereignissen.

Ich habe von dem Anwalt der Ärztekammer Bescheid bekommen, dass sie meine Beschwerde zur Stellungnahme weiter leiten werden. Ich bekomme dann umgehend Bescheid. Sie sagten ja von Anfang an, dass es sich sehr in die Länge ziehen werde.
Nun muss ich mich fertig machen. Habe heute meine zweite Buchlesung. Die erste war auf Zingst. Dort war Tag der offenen Tür. Andreas und ich schauten nicht schlecht, als wir vor einer 10. Klasse mit einigen Lehrern und Eltern standen. Aber mir wurde gesagt, dass unser Buch bereits im Deutschunterricht besprochen wurde und nur interessierte Schüler anwesend seien. Ich muss Dir sagen, dass ich angenehm überrascht war. Keine Unruhen während der Lesung, und auch die Fragen, die anschließend gestellt wurden, waren sachlich und auch interessant.
Heute Abend nehme ich Jana mit. Meine Stimme versagt oft beim Lesen und so hilft sie mir über die wortlosen Strecken.

24. September

Heute wurde es mal wieder erreicht, mich etwas aus dem Gleichgewicht zu werfen. Mein Kreislauf spielt verrückt und von meinem Magen will ich gar nicht reden. Ich erhielt eben einen Anruf von H.. Sie lud mich zum Kaffee ein, da sich die Großeltern kurzfristig angesagt haben. Ich habe den Hörer immer noch in der Hand und mein Herz rast und mein Kreislauf weiss auch nicht so genau, was er tun soll. Und ich, weiß ich es denn? Nein! Also rufe ich gleich Papa im Kurheim an, um ihn um Rat zu bitten. Er hat sich gut erholt. Seine Stimme ist wieder warm und herzlich. Keine Traurigkeit und Enttäuschung höre ich heraus. "Ich wäre nicht gegangen. Seid Monaten hören wir nichts mehr von dieser Seite, und nur weil sich die Großeltern angesagt haben, musst Du jetzt nicht eine heile Welt vorspielen. Außerdem kann es gut möglich sein, dass E. und D. auch da sind, und das solltest Du Dir alleine nicht zumuten." Ich bin so froh, dass ich meinen Klaus wieder mit diesen Problemen belasten kann. Er sagte auch, dass es ihm leid tue, jetzt nicht bei mir sein zu können, aber ich solle daran denken, was er sich damals von E. sagen lassen musste. Wir seien so geldgeil, dass wir lieber arbeiten gingen, als der Geburtstagsfeier meiner Mama beizuwohnen. Dabei waren wir die einzigen, die genau an

ihrem Siebzigsten anwesend waren. Aber das wird vergessen!
Oh Mann, dabei haben wir uns gerade wieder ein wenig aufgerafft. Wir wurden solange von unserer Sippe zufrieden gelassen und konnten auch gut damit umgehen. Endlich kehrte wieder ein wenig Ruhe ein in unsere kleine Familie. Ich glaube ja immer noch an das Gute im Menschen und denke, dass meine Mutter vielleicht nur eine Art Vermittlung zwischen uns aufbauen wollte. Aber wer sagt, ob es stimmt? Und warum muss meine Schwester durch Mutter vermitteln lassen? Warum haben wir nie eine Gegeneinladung bekommen, nachdem wir sie zweimal zu uns eingeladen haben? Wieder gibt es so viele "Warum", nur hängt jetzt kein Leben mehr dran. Aber es zermürbt ähnlich.
Endlich konnten mein Chrisi und ich schöne Tage miteinander verbringen. Eigentlich wollten wir nur das alte Zimmer von Chrisi renovieren, damit ich endlich ein Büro zu Hause habe. Dabei hatten wir soviel Spaß, dass wir nicht wirklich aufhören wollten. Also haben wir uns auch noch das Schlafzimmer vorgenommen. Am Freitag war wieder alles sauber, aufgeräumt und wunderschön. Ich war glücklich und bin stolz auf meinen kleinen Chrisi. Jedenfalls rief ich früh Jana an und bat sie zum Sektfrühstück. Es war alles so wundervoll und ich bin ge-

spannt, was Klaus sagen wird. Robert hat uns noch das alte Parkett in drei Zimmern abgeschliffen und neu versiegelt. Es sieht wirklich phantastisch aus!
Und nun wieder dieser Schlag, mitten ins Gesicht. Ich würde so gerne glauben, dass alles gut wird, aber dafür ist einfach zuviel vorgefallen. Wie sagte Klaus: "Auch wenn es Familie ist, sollte man sich distanzieren, wenn sie einem nicht gut tut. Wir leben jetzt unser Leben, so wie wir es in diesem Augenblick für richtig halten und teilen es auch gerne mit Bekannten, Freunden und Verwanden, aber nur so lange sie nicht hinter unserem Rücken intrigieren." Jetzt sitze ich hier und schreibe und fühle mich dennoch restlos überfordert.
Wie gut, dass Du das alles nicht mehr mitbekommst. Dir würden wahrscheinlich sämtliche Gesichtszüge entgleisen.
Gestern bekam ich eine SMS von Christin. Sie hat jetzt zum erstenmal unser Buch gelesen und war natürlich völlig aufgelöst. Sie wollte nicht reden und so schrieben wir uns viele SMS. Schade, dass ihr Euch die letzen Wochen nicht mehr sehen konntet. Denn Dinge aus Deinem Mund zu hören, die Du mir gesagt hast, wäre für Christin wertvoller gewesen, als sie jetzt per SMS zu lesen. Du sagtest u.a., dass Du mit niemandem so reden könntest wie mit ihr. Sie hätte

Dir sicher mit ganzer Kraft ihres Herzens und ihrer wirklich aufrichtigen Liebe beigestanden.

Wie furchtbar der Gedanke, dass ich damals mehr zu D. als zu Christin gestanden habe!
Meine Schuldgefühle und mein schlechtes Gewissen Christin gegenüber haben lange ein zusätzliches Unbehagen in mir hervorgerufen. Wenn ich irgendwann feststellen muss, dass ich einen Fehler begannen habe. und ihn auch einsehe, versuche ich, ihn auszubügeln. Ich sprach Christin auf diese wirklich nicht glückliche Situation an. Wir haben uns lange unterhalten und wieder so fest zu einander gefunden wie einst vor D.s Zeit. Jetzt habe ich endlich die Gelegenheit, ihr zuhören zu können. All die furchtbaren Wochen und Monate, die sie nicht bei Dir sein durfte. Welche Ängste sie ausgestanden hat und welche Sehnucht ihr das Herz fast zerriss. Sie war ja auch noch keine 18 Jahre alt und ihre erste große Liebe würde bald gehen und sie durfte nicht bei Dir sein. Wenn es Dir möglich ist, gib ihr Hoffnung und ganz viel Glückseligkeit, denn ich kenne kaum einen so jungen, wundervollen Menschen, der es mehr verdient hätte.
Das ganze Wochenende ist wieder in eine für mich nur schwer zu beschreibende Situation gerutscht. Erst die SMS, dann die Einladung zum

Kaffee und mein Gefühl, das wieder zwischen zwei Stühlen hin und her springt. So viele Fehler habe ich in meinem Leben schon begangen und viele werden noch folgen, aber dennoch wünschte ich mir, mit der gerade anfallenden Situation besser umgehen zu können.

Jetzt ist sehr viel Zeit vergangen und wir schreiben den 7. Oktober

Eigentlich hätte ich heute eine Tanzveranstaltung, aber die musste leider ausfallen. Es tut meinem Konto gar nicht gut, ist aber nicht zu ändern.

Haucks und wir waren heute im Ulenkrug zum Kartoffelfest. Es ist immer wieder schön, in eine Gemeinschaft zu kommen, in der so viele verschieden Charaktere, Staatsbürgerschaften und Altersgruppen aufeinander treffen und miteinander leben können.

Auf dem Heimweg erfuhren wir, dass es Leute in unserer Gemeinde gibt, die meinen, dass ich jetzt unendlich reich werde, da Dein Buch ja so gut angelaufen ist. Da gibt es Leute, die nicht die geringste Ahnung haben von dem, was wir alles auszustehen haben, zumal Du nicht die geringste Wahl hattest, überhaupt über Dein Leben entscheiden zu dürfen. Es wurde Dir einfach genommen, ohne dass wir hätten etwas ausrichten können. Und nun gibt es diese Leute, die meinen, sagen zu dürfen, dass ich mit dem Tod meines Kindes reich werde. Sie haben einfach nur schlechte Filme gesehen und schließen daraus, daß ein Autor in einem kleinen Verlag mit einer kleinen Auflage reich werden kann. Die haben einfach keine Ahnung! Muss ich jetzt in die Öffentlichkeit gehen, um bekannt zu

geben, dass alle Tantiemen und Gelder aus den Buchlesungen zu Gunsten leukämie- und krebskranker Kinder gehen, oder soll ich mich noch weiter psychisch kaputt spielen lassen? Muss ich mich wirklich rechtfertigen? Klaus sagt "Nein, auch wenn wir die Gelder behalten würden, brauchen wir weder ein schlechtes Gewissen zu haben noch uns irgendwem gegenüber verpflichtet fühlen". Robert meint, alles seien nur Idioten, die es nicht besser wissen können. "Hör einfach nicht hin. Wir wissen, wie es ist, und wie immer Du Dich entscheidest, es ist richtig. Wir dürfen keinen Druck mehr von draußen an uns ran lassen, dann werden wir auch irgendwann mit dieser ganzen Situation umgehen können."
Du fehlst uns an allen Ecken und Kanten. Uns fehlen die kleinen Späße, die Du regelmäßig machtest, Deine Aufgeschlossenheit und Dein starker Wille. Der leere Stuhl, wenn wir uns alle zum Essen in der Küche einfinden, gibt mir jedesmal einen tiefen Stich. Wir trauern immer noch furchtbar um Dich, doch kein Außenstehender will es mehr verstehen. Wenn der Mensch kein Interesse daran hat, zu verstehen, warum hat er dann soviel Interesse am Tratschen? Wir sollten vielleicht weniger fern- und dafür mehr nahsehen. Warum kommen diese Menschen nicht auf mich zu und sprechen mich

an? Warum können sie nicht verstehen, dass wir uns, ein fünfblättriges Kleeblatt, als etwas besonderes fühlten? Da hielten wir uns noch für unverletzbar wie so viele Familien, denen nicht einfach ein Blatt abgerissen wurde.
Ohne Dich bin ich wie ein Baum ohne Blätter, wie ein Krug ohne Wein, wie ein Berg ohne Edelweiß. Manchmal denke ich, dass keine Mutti ihre Kinder so abgöttisch liebt wie ich. Eigenartig, nicht?

10. Oktober 2000

Ich hatte heute eine Buchlesung in Viecheln. Ich glaube nicht, dass ich das noch einmal haben muss. Es ist viel zu emotional. Was mich sehr berührte, war, dass Papa viel über Dich gesprochen hat. Das erste Mal, dass ich ihn so ausgiebig hab reden hören.

Ich bin wieder zu Hause und höre Konstanze auf dem Anrufbeantworter. Es hört sich furchtbar an und mich überkommt gleich wieder furchtbare Angst. Marie-Christin! Ich rufe sofort zurück und muss erfahren, dass ein guter Freund von Christin längere Zeit über starke Kopfschmerzen, Übelkeit und Ähnliches klagte. Heute erhielt er wohl eine niederschmetternde Diagnose. Und nun schließt dieser Freund Christin genauso aus seinem Leben aus, wie Du es Deiner Zeit getan hast. Ich rief sofort Christin an und versuchte ihr zu erklären, dass es absolut nichts mit fehlender Zuneigung oder Ähnlichem zu tun hat, wenn sich dieser junge Mann jetzt erst einmal von ihr distanziert. Dieser noch nicht einmal 23jährige Mann hat heute vielleicht eine Diagnose bekommen, die einem Albtraum gleich kommt und will nun erst einmal für sich entscheiden, was für ihn richtig oder falsch ist. Da interessiert nicht, was die Eltern, Freundin oder Geschwister fühlen. Es ist absolut nebenrangig. Es ist wichtig, ihm immer und immer

wieder das Gefühl zu geben, dass man da ist, falls er jemanden braucht. Aber nur der Betroffene entscheidet das. Ich wollte weder D. in der Wohnung noch Dich außerhalb dieser Wohnung. Und doch ließ ich es zu und ich ließ Dich auch schweren Herzens ziehen. Das Leben, das nicht mehr lange zu leben hat, ist das Leben, das 100%ig unterstützt werden muss. Ganz egal, ob es einem das Herz zerreißt. Denn auf dem Sterbebett des unendlich geliebten Menschen zu hören, dass er nur dich geliebt und dir vertraut hat, ist die schönste Liebeserklärung, die eine Mutter von ihrem Kind oder die Freundin von ihrem Freund hören kann. In solch einer Situation sollte man sich und seine Gefühle ganz, ganz weit nach draußen stellen und nur immer dafür sorgen, dass man da ist, wann und wo man gebraucht wird. Ich bin so traurig, dass ausgerechnet Christin wieder dieses Schicksal ereilt. Ich liebe dich, Christin, und ich hoffe, dass ich dir mit meinen leider auch sehr traurigen Erfahrungen beistehen kann.
Die Diagnose war ein gutartiger Tumor, der ihm leider irgendwann das Augenlicht nehmen könnte. Da dieser Tumor sehr ungünstig liegt, sind die Chancen bei einer OP leider auch nicht so gut, dass mit Bestimmtheit gesagt werden könnte, ob er sein Augenlicht behalten wird.
(Etwa sechs Monate später wurde er mit Erfolg operiert.)

14. Oktober

Ich habe das Manuskript der zweiten Auflage gelesen. Es ist lange her, dass ich das Buch vollständig gelesen habe. Es reißt mich wieder ganz doll und tief runter. Wurde mir doch schwarz auf weiß bestätigt, dass Du wirklich TOT sein sollst. Ich glaube es immer noch nicht und ich will es auch gar nicht glauben.

Haucks riefen an, dass sie Kesselgulasch machen und wir rüber kommen möchten. Meine Männer gingen schon los. Ich musste erst versuchen, meine Fassung wieder zu erlangen. Sie waren schon lange fertig mit dem Essen, und so konnten wir kurze Zeit später alle wieder nach Hause.

Ich schalte den Fernseher ein und drücke durch die Programme. Bei der West Side Story bleibe ich hängen. Genau da, wo sie Good Nigth singen - und ich fühle mich noch viel schlechter. Good Nigth ist das, was ich Dir auch nur noch sagen kann - und ich will es einfach nicht. Robert ist so lieb und Chrisi wird ein wenig wie Du, und doch bin ich so traurig. Es ist, als wenn ein Puzzleteil fehlt, um glücklich zu sein. Ich träume davon, wie es wohl wäre, wenn Du immer noch hier seist. Vielleicht wärst Du auch deiner Wege gegangen. Ganz sicher sogar, aber es wäre doch etwas anderes. Damit hätte ich mich irgendwann sicher abgefunden, aber so!

Robert sitzt mit Susi in seinem Zimmer und ist glücklich, Chrisi schläft und ich bin völlig aufgelöst. Den ganzen Tag versuche ich mich zu beschäftigen, lasse keine Ruhe zu, aber wenn der Abend kommt, dann sind auch die Sehnsüchte, die Schmerzen und das Nichtverstehen da. Ich schreibe und schreibe und denke in dem Moment, es erleichtert mich. Doch dann schalte ich den Computer ab und weiß nicht, wohin ich Dir diese vielen Zeilen schicken soll, und schon wird mir wieder bewusst, dass es keine Möglichkeit gibt, von Dir je einen Antwortbrief zu erhalten.

Deine letzten Stunden

sie vergehen viel zu schnell
so viel gibt es noch zu sagen
so viel noch zu fühlen
und dann ist da die Zeit
die wir nicht mehr haben.

Du sagst:
"Ich will nicht"
und doch musst Du gehn
ich zähle Deinen Atem
ich küsse und berühre Dich
doch nichts
absolut gar nichts
kann Dich zu mir zurückbringen.

Das Licht, das weiße
hat Dich eingeholt -
ein Licht, das die Kraft und die Macht hat
Dich zu holen
ohne Wiederkehr.

Ich rief Christin an. Konnte vor lauter Heulen kaum ein Wort herausbringen. Doch sie schaffte es, mich etwas zu beruhigen. Aber nach zehn Minuten war dieser Krampf wieder in meiner Seele und in meinem Herzen. In diesem Zustand brauche ich nicht ins Bett zu gehen, finde doch keinen Schlaf. In den Kinderzimmern ist Ruhe eingetreten, also setzte ich mich vor Deinen Schrank, der wegen der Renovierungsarbeiten noch in der Küche steht. Dort sind all Deine Fotos, Beileidskarten, Zeugnisse, Briefe, eben Dinge, die mir ganz doll wichtig sind. Stück für Stück hole ich heraus. Rieche an deinen Sachen, lese verschieden Dinge und schau mir Deine Fotos an. Leise geht die Tür zur Küche auf und Susi steckt ihren Kopf durch. Sie könne noch nicht zur Ruhe kommen und Roberto schlafe schon tief und fest. Sie sah schnell, in welcher Verfassung ich mich befand. Sie holte uns beiden eine Zigarette und setzte sich zu mir auf den Boden. Wir haben lange miteinander gesprochen und ich konnte dann auch irgendwann etwas schlafen.
Susi ist eine sehr ruhige, sehr gut zuhörende, sich niemals in den Mittelpunkt stellende Person. Wir verbringen nur wenig Zeit miteinander, aber die paar Stunden sind immer schön und angenehm für mich.

Am 20. Oktober hatte ich in der Mittagspause eine Mitteilung auf dem Anrufbeantworter. Dort hörte ich den Kameraden von Robert sagen, dass ich ihn über seine Handynummer zurückrufen möchte. Er erzählte mir, dass Roberto einen Unfall gehabt habe und jetzt in Oldenburg in der Klinik liege.
Hammer!
Ich flog an Händen und Füßen. War es doch wieder Freitag, kurz nach eins, wie bei Dir damals. Über die Auskunft erfuhr ich die Telefonnummer und rief sofort in besagter Klinik an. Es war natürlich kein Arzt mehr zu sprechen, doch das Pflegepersonal war so nett und teilte mir mit, dass Robert eine schwere Gehirnerschütterung habe und zur Beobachtung noch ein paar Tage dableiben müsse. Sie gehen davon aus, dass noch Gehirnblutungen auftreten können.
Dann hatte ich meinen Roberto endlich am Telefon. Er lallte noch etwas, wusste nicht, was vorgefallen war, und klagte über ziemliche Kopf- und Kiefernschmerzen. Robert erinnert sich erst ab dem Abend nach dem Unfall und das auch nur, da er vom Legen der Infussionsnadel wach wurde. Alles, was drei Tage vor dem Unfall gewesen ist, sei vollständig gestrichen.

Das Schärfste ist: ich musste erfahren, dass der Unfall bereits am Donnerstag, also fast 24 Stunden vor der Benachrichtigung, passiert war. Der Bund hält es nicht für nötig, nach einem Unfall, dazu noch mit Krankenhausaufenthalt, die Mutter anzurufen. Oh Mann, bin ich wütend! Ich rufe in Heide/Holstein an. Dort werde ich von einem Vorgesetzten zum nächsten verbunden. Keiner habe eine Erklärung für diese Schlamperei und es tue ihnen leid. Angeblich hat der Vertrauensmann der Kompanie gefragt, ob er uns benachrichtigen darf. Eigenartig war nur, dass dieser es von seinem Handy aus tun musste - und warum erst 24 Stunden später?
Die Stabsärztin konnte mich auch nicht richtig beruhigen, da sie selbst nicht auf dem Laufenden war. Sie wusste nur soviel, dass Robert bei einer albernen Rangelei so dumm gefallen ist, dass er dabei zuerst mit dem Kopf aufschlug. Unmittelbar nach dem Sturz stellte sie fest, dass er furchtbar wirres Zeug erzählte, und später, dass ihm gut drei bis vier Tage seines Gedächtnisses fehlten.
Schlimm war nur, dass ich mich nicht gleich ins Auto setzen konnte, um zu ihm zu fahren. Meine Kollegin ist seit der 7. Schwangerschaftswoche krank geschrieben und so muss ich den ganzen Tag im Laden stehen. Außerdem habe ich am Samstagabend auch noch eine Veranstal-

tung. Am liebsten hätte ich alles hingeschmissen und wäre nach Oldenburg gefahren.

Am Samstag erzählte mir Robert dann, dass es ihm eigentlich gut gehe. Die Kopfschmerzen seien erträglich, der Kiefer schmerze noch, aber die Zigarette schmecke schon wieder. Ich fragte: "Warum hast du nicht auch vergessen, dass du rauchst? Dann könnten wir wenigsten einen Teil als positiv verbuchen." Robert lachte und ich wusste, dass ich mir keine ernsthaften Sorgen mehr machen musste. Jetzt finde ich auch die Ruhe und die Nerven, die abendliche Veranstaltung zu überstehen.

Sonntag früh um 10.00 Uhr fuhren Papa, Chrisi und ich zu Roberto.
Bis zu diesem Moment habe ich nur telefoniert. So hatte ich Samstag früh endlich einen Arzt an der Strippe, der Robert aufgenommen hat. Ich erfuhr, dass sein Schädel geröntgt und kein Kiefer- bzw. Schädelbruch zu sehen war. Für ein C.T. hatten sie keine Anhaltspunkte. Frau Dr. K., die Stabsärztin, stand ständig mit mir in Verbindung. Dafür möchte ich mich nochmals ganz herzlich bei ihr bedanken.
Sie rief mich ständig an, wenn sie etwas Neues in Erfahrung brachte. Ihr verdanken wir, dass wir Robert am Montag abholen durften und er

in Rostock weiter behandelt werden konnte.
Seine Gedächnislücken sind fast vollständig weg. Nur der Tag des Unfalls wie etwa acht Stunden danach liegen irgendwo ganz tief schlummernd in seiner lieben Seele.
Dadurch, dass wir Robert am Montag nach Hause bekamen, konnte ich doch noch die von Klaus gebuchten Kurtage antreten. Ich wollte ja gleich alles wieder absagen, aber Papa ist der Meinung, dass mir nach vier Jahren Dauerstress endlich ein paar Tage Ruhe zustehen. Er hätte es lieber gesehen, wenn ich wie er richtig zur Kur gefahren wäre. Aber soweit bin ich noch nicht. Die Vorstellung, fünf Tage nicht zu Dir gehen zu können, verlangt schon eine ganze Menge Überwindung, überhaupt von diesem Dorf weg zu fahren. Aber ich stimmte zu und ließ ihn nun organisieren. So erfuhr ich, dass ich nach Swinemünde an der polnischen Ostseeküste fahren werde. Dort habe ich ein Einzelzimmer mit Fernseher, Dusche, Vollverpflegung und zwei Anwendungen (Massagen) pro Tag.

26. Oktober

Familie Hauck, Chris, Papa und ich sind auf dem Weg nach Swinemünde. Das Wetter ist zwar trocken, aber kalt und windig. Haucks und Chrisi ziehen über den Markt und Papa bringt mich zum Kurhaus. Mein Zimmer ist tiefstes Ostdeutschland. Im Fernseher bekomme ich N 3, ZDF und ARD. Im Radio gar nichts Deutsches. Naja, Hauptsache ist, dass ich einige Nachrichten mitbekomme.

Am Nachmittag ruft mich Roberto an, dass er eine Überweisung zum Neurologen bekommen habe. Nach dem Termin erzählte er, dass es wohl eher eine Psychologin sei, sie ihm aber zum C.T. schicken möchte, was ich nur befürworten kann.

Die erste Nacht habe ich nun in meiner neuen Unterkunft überstanden. Das Bett ist einfach grauenvoll. Es ist so pervers eingelegen, dass ich ständig das Gefühl habe, aus dem Bett zu kullern. Früh steige ich aus meinem Bett wie eine alte Frau. Meine Knochen müssen erst einmal in ihre ursprüngliche Lage zurück finden. Zum Glück ist meine erste Anwendung ein Blubberbad. Eine halbe Stunde genieße ich es und habe tatsächlich das Gefühl, dass die Wärme und das Blubbern meine verspannten Muskeln etwas geschmeidiger werden lassen.

Das Essen ist gewöhnungsbedürftig, aber ausreichend. Ich könnte gut drei Kilo abnehmen und so sehe ich dies alles nicht so verbissen. Allerdings: Frühstück ohne Brötchen und Marmelade muss ich nicht haben. Wenn der Kaffee nicht nach Kaffee gerochen hätte, hätte es gut Tee sein können. Aber es gab immer Milchsuppe. Und so konnte ich mir und meinem Magen doch noch eine Freude machen.
Um 11.20 Uhr habe ich meine zweite Anwendung. Mal sehen, was das wird, kann ja leider weder etwas lesen noch verstehen. Da ich am Wochenende her gekommen bin, ist keine Dolmetscherin hier.

29. Oktober

Jetzt weiß ich, dass meine zweite Anwendung Reizstrom ist. Tut mir wirklich gut. Ich kann meinen linken Arm wieder besser bewegen.
Erholung ist hier pur. Nur wenig Schritte entfernt ist die Ostsee mit einer schönen Promenade. Viel schlafen und spazieren gehen ist angesagt. Habe nicht gedacht, dass ich am Tag und in der Nacht soviel schlafen kann.
Seit gestern habe ich Neubrandenburger an meinem Tisch. Sie erzählten mir, dass sie für nur 7,50 DM eine kräftige Rückenmassage bekommen. Die werde ich mir zusätzlich verabreichen lassen. Das wird dann sicher der absolute Höhepunkt meiner Kur.
Mein versäumter Schlaf war schon in den ersten zwei Tagen aufgeholt und nun plagt mich wieder diese Schlaflosigkeit. Was kann ich hier anderes tun als zu grübeln?
Da gibt es die zweite Auflage unseres Buches, die einige Ungereimtheiten mit sich bringt. Kleinigkeiten im Geschäft, die ich anders handhaben muss und natürlich DU.
Alles was mit Dir zu tun hat, jährt sich nun zum zweiten Mal, und die traurigen Zeiten fangen wieder an. Mich quälen meine Selbstvorwürfe, dass ich dieses oder jenes vielleicht anders hätte machen sollen. Die Zeit, die ich hier jetzt habe, zeigt mit doch, wie sehr ich Dich vermisse. Da

frage ich mich: was ist Trauerarbeit? Warum wird der Schmerz größer statt kleiner? Warum raubt er mir immer und immer wieder fast den Verstand? Was soll ich tun, damit es nicht mehr so verflucht weh tut?

Warum kann ich nicht halten, was ich liebe?
Warum entgleitest Du mir, meine Liebe?
Was war falsch an meiner Liebe?
Hab ich irgendetwas übersehn?
Kann Dich streicheln,
kann Dich küssen.
Halt Dich fest in meinen Armen,
verkrampfe, nur um Dich zu halten,
doch der Tod ist stärker,
als wir beide dachten.

Ein paar Tische vor mir sitzt ein Pole. Ich denke, dass er Dein Alter hat, aber ganz sicher hat er Deine Haarstruktur. Ich schließe meine Augen und streiche in Gedanken durch Deine Haare. Wie Du es genießt, wenn ich Dir Deinen von Metastasen gequälten Körper massiere oder Dich einfach nur in meinen Armen halte. Und schon ist dieser tiefe Schmerz wieder da. Diese Leere und die unendliche Einsamkeit.

Halt Dich fest in meinen Armen.
Geb Dir Liebe, Kraft und Mut.
Will nicht loslassen,
nicht entbehren,
will nicht glauben,
was da kommt.
Die Kraft des Todes ist so stark,
will mich Dir entreißen,
mit aller Macht.
Ich halt Dich, fleh Dich an:
Geh nicht fort!
Kämpfe dagegen an!
Doch Dein Körper ist so krank,
so schwer krank.
Du rufst mich noch ein letztes Mal
und gehst dann fort.
Und immer halte ich Dich noch
in meinem Arm.
Tausend Tränen weine ich um Dich.
Muss mich lösen und mir sagen
Du kommst niemals mehr zurück.

Wem sollte ich von meinen Gefühlen erzählen? Die Menschen meinen, dass nach fast zwei Jahren die Trauerverarbeitung abgeschlossen sein muss. Dein Buch geschrieben zu haben und es immer und immer wieder bei Lesungen in die Öffentlichkeit zu bringen, dies sei meine Trauerarbeit, wird gesagt. Ich weiß nicht, ob man dies wirklich Trauerverarbeitung nennen kann. Haut es mir doch immer wieder den Boden unter den Füßen weg. Sag mir doch, was ich tun soll. Keiner kennt mich so gut wie Du.

Wenn man nur nicht so schrecklich alleine wäre. Es sind viele liebe Menschen um mich herum, aber sie verstehen mich nicht. Können nicht im entferntesten nachvollziehen, wie schwer mein Herz ist. Ich stehe in mitten einer Gruppe, doch keiner kann mich hören.

Wer sagt mir, die Welt dreht sich weiter?
Wer sagt mir, das Leben geht weiter?
Wer sagt mir: lebe für mich?
Wer kann wirklich wissen,
wieviel Liebe ich noch zu vergeben habe?
Wer kann wissen, wie diese Liebe jetzt
aussieht?
Nur Du!
Mit jedem Tag, den Du fort bist,
gibst Du mir ein kleines Stück
Deiner unendlichen Liebe zurück.
Nur Du schaffst es,
mich durch Deine Augen sehen zu lassen,
mit Deinem Herzen Liebe zu geben
und dankbar zu sein
für jeden Tag
den ich mit Dir erleben durfte.

Vielleicht finde ich ja das, was ich suche, wenn ich wieder mit der Kinderonkologie in Kontakt trete. Ich wünsche mir wirklich, über Dich reden zu können, ohne einen Weinkrampf zu bekommen. Wir hatten so viele schöne und glückliche Episoden in den 19 Jahren, nur erinnern kann ich mich "daran nicht mehr. Ich sehe und erlebe immer nur die letzten Wochen und vor allem die letzten 24 Stunden. Ich sehne mich danach, vor irgendeinem zu hören, wie es mit uns vor Deiner Krankheit war.

0.40 Uhr

So vernünftig es vielleicht auch ist, sich über viele Dinge Gedanken zu machen, man findet doch wieder keinen Schlaf.

Da sind nicht nur Kleinigkeiten zu überdenken. Ich müsste auch andere Sachen zu klären versuchen, um endlich Ruhe und Kraft zu finden, dieses Leben wieder leben zu können. Wieso soll ich diejenige sein, die ständig einsteckt und langsam von innen zerfressen wird? Vielleicht finde ich danach die Kraft, mich bewusst mit Deinem Fortgehen zu beschäftigen, wenn ich allen denen meine Meinung gesagt habe, die meinen, mir nicht zuhören zu müssen oder einfach das Gesagte nicht verstehen wollen! Warum sollen immer wir diejenigen sein, die schlucken, egal, ob es uns weh tut oder gar Lügen über uns im Raum stehen lassen? Irgendwann ist Schluss!

Und ich denke, jetzt ist der Zeitpunkt gekommen, nicht immer nur alles Dir zu erzählen, sondern auch denen, die es betrifft.

Du bist mir noch so unendlich nah. Manchmal habe ich das Gefühl, Du bist im selben Zimmer mit mir. Dann kann ich Dich riechen und spüren. Ich habe das Gefühl, Dein schönes, weiches Haar gleitet durch meine Finger. Der Duft Deiner Haut erfüllt mich mit Wärme - und dann ist da wieder dieses Bild. Du mit schmerzverzerrtem Gesicht und immer und immer wieder diese Frage: "Mutti,warum denn ich? Ich will noch nicht sterben!" Und die Machtlosigkeit, die unendliche Qual, versagt zu haben, ist so stark. Und dann dieser Druck von draußen. Tante, Oma, Freunde, alle denken sie, sie hätten ein Recht, uns Vorschriften zu machen. Aber was haben wir? Oh Martin, wenn Du doch bloß wieder bei mir sein könntest. Mit Dir an meiner Seite wäre ich stark, könnte allem trotzen und mein Ego wieder an die Oberfläche kommen lassen. Gib mir die Kraft, all den Leuten das sagen zu können, was ich hier aufgeschrieben habe. Mit Worten ist so etwas schnell getan, nur Herz und Seele sind nicht so schnell zu überzeugen.

Weiß ich, wie ihr denkt?
Weiß ich, wie ihr meint,
dass ich mich fühlen soll?
Warum zerreißt mein Kind mir das Herz
und meiner Familie die Seele?
Warum fühle ich mich so schrecklich allein
und unverstanden?
Warum warte ich auf ein Zeichen,
wo ich es doch selber setzen könnte?
Warum ist mein Leben jetzt so,
dass es keiner mehr verstehen kann,
der mich früher einmal kannte?
Warum suche ich mein Kind
in all den Jugendlichen?
Weiß ich doch, dass keiner so sein kann
wie Du.
Warum nur, Warum!?

Ich weiß ja, dass ich viel zu schnell wieder gearbeitet habe aus lauter Angst, Schmerz und Trauer könnten die Oberhand gewinnen. Ich wollte es ja auch gar nicht glauben, dass Du nicht mehr da bist. Warum soll ich etwas glauben, was ich doch aus tiefstem Herzen nicht will? Aber wo hat es mich hingebracht! Ich bin immer noch genauso traurig, der Schmerz ist immer noch nicht zu ertragen und die Einsamkeit macht sich breiter und breiter. Warum habe ich es in den zurückliegenden 23 Monaten nicht geschafft, zu Deinen Brüdern wieder so ein Verhältnis aufzubauen wie vor Deinem Fortgehen? Ich kann ihnen sagen, dass ich sie liebe. Ich kann sie in den Arm nehmen, aber zeigen, zeigen kann ich es wohl immer noch nicht. Bin ich deshalb eine schlechtere Mutter, als ich es Dir war? Oder werde ich langsam verrückt? Ziehe ich mich in eine Welt zurück, die nur Du und ich erleben können? Das Schlimme ist, ich kann Dir nicht einmal sagen, ob es nicht genau diese Welt ist, die ich die ganze Zeit gesucht habe. Wie sagtest Du damals: "Eigentlich will ich ja gehen, aber die Angst vorm Sterben lässt mich immer wieder dagegen ankämpfen."
So ähnlich ist es wohl auch bei mir. Ein Teil von mir sagt, dass die Welt, in der ich Dich bei mir spüre, die Welt ist, in der ich mit Dir leben möchte, aber meine Mutterliebe sagt genau das

Gegenteil. Ich weiß, dass Robert und Chrisi mich wirklich noch brauchen und auch lieben, aber ich kann es einfach nicht richtig an mich ran lassen.
Und dann gibt es diesen Spruch "Die Zeit heilt alle Wunden". Wie soll das funktionieren? Den Teil, den Du aus meinem Herzen und aus meiner Seele mitgenommen hast, kann durch nichts auf der Welt, auch in 50 Jahren, aufgefüllt werden. Dieses Loch wird irgendwann mit Narbengewebe überzogen. Ohne Nerven und Gefühl. Ist es das, was die Menschen sich erhoffen, wenn sie diesen Spruch sagen? Ich nicht. Ich möchte Gefühle haben, den Schmerz und die Traurigkeit, aber auch die Dankbarkeit, Dich als meinen Sohn gehabt zu haben, niemals verlieren.
Ich liebe Dich und Deine Brüder wie am ersten Tag und ich will nicht mehr leben, sollte die Liebe zu einem meiner drei Kinder irgendwann aufhören.
Diese fünf Tage der Kur in Swinemünde haben mich in einen Zustand der Verwirrung, der Hilflosigkeit, unendlicher Traurigkeit und in eine Leere gestoßen, wie ich sie nicht erleben wollte. So tief stand ich wieder an dem Abgrund, der mich zu Dir ruft. So groß ist die Versuchung, dem Leben auf dieser Erde zu entfliehen. So qualvoll, in diesem mir so verhassten Leben auszuhalten. Der Schmerz um Deinen Verlust,

der furchtbare Druck von Leuten, die es angeblich gut mit mir meinen, und die verfluchte vorweihnachtliche Zeit läßt alles in mir zusammenfallen, was ich versucht habe, über die nun fast zwei Jahre um mich herum aufzubauen.

Und wieder seh ich Dein Gesicht.
Hör Dich fragen: "Warum denn ich?
Möchte schlecht sein, um zu bleiben.
Möchte leben, um bei Dir zu sein.
Möcht so viel Schönes noch erleben.
Hab soviel Liebe noch zu geben.
Möchte kämpfen und gewinnen.
Mama, möchte soviel ändern noch im Leben."

Tränen laufen über mein Gesicht.
Tränen, die verborgen bleiben,
nur für Dich und mich.
Und wieder ist ein Jahr vergangen
und immer tut's noch höllisch weh.
Welch Leid wurd' uns einst aufgetragen.
Und welchen Weg müssen wir jetzt gehn.

Warum wird es nicht besser?
Warum die Schmerzen nicht erträglicher?
Warum der Ruf nach Dir nicht leiser?
Warum habe ich immer und immer wieder
diese Fragen?
Warum finde ich die Antworten nicht?
Warum müssen Mütter um ihre Kinder
weinen?
Warum muss ich ertragen,
was nicht zu ertragen ist?

Meine Seele ist zerfressen, mein Herz zerrissen. Es gibt kein Wort, das gesprochen oder geschrieben alles wieder in Einklang bringen kann.

Ich weiß, ich brauche Hilfe. Hilfe, die mich vor dem Sturz in den Abgrund auffängt. Ich warte auf einen Ruf von Dir. Einen Ruf, der mich zu Dir bringt. Der mir sagt, dass ich nicht mehr am Verbot, Dir folgen zu dürfen, festhalten muss. Aber nichts, absolut gar nichts ist von Dir zu hören. Woher soll ich die Kraft nehmen, wie Du sie hattest, immer wieder gegen Krankheit, Mutlosigkeit, gegen kommende Zukunftslosigkeit anzukämpfen?
Klaus sagt, dass nicht ich krank sei, sondern jene Menschen, die heute so über mich und uns reden. Gedankenlos, voll innerer Kälte. Und dass wir besser wissen, wem Du vertraut hast.

Der Sumpf, er ruft mich. Der, aus dem ich zu entfliehen versuchte. Aber es ist nicht Deine Stimme, die mich ruft. Es ist eine böse Stimme, die mir jedoch die Erlösung aller Qualen verspricht.

Bei einer Buchlesung bekam ich von einer Mutti ein Buch geschenkt. In ihm lag ein Zettel von einer Selbsthilfegruppe für verwaiste Eltern. Ich stehe immer noch nicht auf Psychologen oder Antidepressiva.

Also rief ich diese Nummer an und eine Frauenstimme meldete sich. Durch mein unendliches Weinen und Schluchzen war es für meine Gesprächspartnerin sehr schwer, mich zu verstehen. Sie lud mich zur Gruppe nach Rostock ein und ich nahm diese Einladung gerne an.
Mir war etwas flau in der Magengegend. Wusste ich doch nicht, was auf mich zukam. Eine Mutti kannte ich. Sie hatte auch ihre Tochter durch diese Krankheit verloren. Wir saßen an einem runden Tisch. Jeder hatte ein Teelicht vor sich stehen. Wir wurden gebeten, dieses Licht für unsere Kinder anzuzünden und jeder sagte den Namen seines Kindes dazu. Ich war damit total überfordert und bekam kaum Deinen Namen über meine Lippen. Ein Weinkrampf schüttelte meinen Körper und ich wäre am liebsten gleich wieder davon gelaufen. Aber dann fingen die anderen Mütter und Väter von ihren Kindern zu erzählen an. Ich musste voller Entsetzen feststellen, dass es so viele Muttis gibt, die genauso leiden wie ich. Durch welchen Schicksalsschlag wir auch immer unsere Kinder verloren haben, danach sind Schmerz, Leid und Trauer überall gleich.
In den folgenden Treffen konnte ich dann feststellen, dass nicht nur ich die Probleme mit Freunden und Angehörigen habe. Bei bestimmt jeder zweiten Familie hat es sich so oder ähnlich

zugetragen. Es tut gut, das Gefühl zu haben, verstanden zu werden. Nicht mehr als Psychopath oder Ähnliches hingestellt zu werden. Auf einmal ist die Liebe, die ich Dir und Deinen Brüdern gebe, wieder sauber. Der Schmerz wird erträglicher. Es sind nicht wir, die Trauernden, die ständig meinen, etwas gut machen zu müssen. Nein, es sind die, die jetzt die Giftpfeile verschießen, die - aus welchen Gründen auch immer - ein schlechtes Gewissen haben und versuchen, ihre Schuld auf diese Weise loszuwerden.

Welche Liebe ist wirklich wichtig?
Du begehrst Deine Partnerin,
doch ich liebe Dich.
Ich komme zu Dir
und sehe die Glut in den Augen
Deiner Partnerin.
Doch die Liebe, die ich Dir zu geben habe,
ist einmalig auf Erden.
Der Schmerz in meinem Herzen,
Dich in Deinem Bett liegen zu sehen,
den kann Deine Partnerin nicht fühlen,
nein, nicht einmal erahnen.
Die Liebe, der Verlust, der Schmerz einer
Mutter
ist mit nichts,
aber auch mit gar nichts
auf dieser Welt zu vergleichen.

4. Dezember

Dein Sterbetag

Genau zwei Jahre ist es her,
dass Du gegangen bist
ohne Wiederkehr.
Zwei Jahre leben ohne Dich.
Ist es wirklich Leben
oder fortlaufen vor dem Leben!
Da gibt es tief in meinem Kopf eine Schublade.
Sie hält den gewaltigen Schmerz gefangen.
Ich habe Angst vor diesen Schmerzen.
Angst davor, sie nicht bewältigen, noch
ertragen zu können.
Ich will immer noch nicht wahrhaben,
will immer noch nicht glauben.
Wann werde ich endlich akzeptieren?

Weihnachten

Ein Fest der Freude, der Harmonie,
der Ruhe und Geborgenheit.
Doch mit wem soll ich mich freuen?
Wem soll ich meine Geborgenheit zukommen
lassen?
Wer hat mich so geliebt und akzeptiert wie Du?
Wer kann mit mir jetzt die Ruhe und Harmonie
wirklich erleben?
Du bist mein Engel am Weihnachtsabend,
mein Kerzenlicht am Weihnachtsbaum,
meine Kraft, die mich auch dieses Jahr wieder
das Fest in Ruhe und Harmonie mit unserer
Familie erleben lässt.

Heilig Abend

Wie krampft mein Herz,
welch Sehnsucht überkommt mich!
Ich seh Dein Lachen, Dein Leuchten
in den Augen -
und dennoch füllen sich meine Augen
mit Tränen.

Ich bat Dich um weiße Weihnacht,
als Zeichen, dass es Dir gut geht.
Du gabst mir diese weiße Weihnacht
und bist mir wieder so nah.

Ich möchte Dich berühren,
möchte Dich in meinen Armen spüren,
möchte mit Dir reden,
möchte Dich mit Deinen Brüdern sehn.

Silvester

Tausend Knaller und fröhliche Gesichter.
Ein Sekt gespickt mit Knallern,
ein Blumenbukett so bunt und schön
und eine Karte, die Du erhalten,
als Wunschzettel Deines Bruders.
Ein Wunsch, der mir das Herz viel tiefer
noch zerreißt.
Ein Wunsch, den die Sturheit der Menschen
nie erreicht,
nur Du als Engel vielleicht das Herz der
Menschheit erweichst.

10. Januar 2001

Der 19. Geburtstag Deines Bruders

Dein 19. Geburtstag,
ohne Hoffnung auf einen nächsten.
Roberts 19. Geburtstag,
Hoffnung und Glückseligkeit.
Ein Geburtstag macht mir das Herz
so schwer.
Dein Bruder wird 19 Jahre alt.
19 Jahr, welch eine Zahl!
Eine Zahl, die Du nicht länger
als fünf Tage erleben durftest.
Eine Zahl, die soviel Geheimnisvolles
für das Leben noch verbirgt.
Wir werden Deinen Bruder auf diesem
geheimnisvollen Weg immer begleiten.
Doch Du musst ihn beschützen.
19 Jahre, welch magische Zahl!
Eine Zahl, die mir wieder einmal zeigt,
wie sehr ich Euch mag.
Ich danke für all das Schöne
und Wundervolle dieser Welt.

Ich liebe und vermisse Dich!

28. Januar

Wie Du siehst, habe ich meine normale Schreibweise wieder gefunden. Die Zeit, die wirklich traurige Zeit, ist hoffentlich überstanden. Mein Herz war so voller Gefühle, dass ich sie nur so Dir mitteilen konnte.

Ein dreiviertel Jahr nach Erscheinen des Buches wurde in der Ostseezeitung über uns berichtet. An dem gleichen Tag noch klingelte schon frühmorgens das Telefon. Viele wollten ein Buch bestellen. Zahlreiche Briefe kamen ins Haus und viele Menschen wollen uns helfen. Sie wissen nun, dass meine Tantiemen zu Gunsten leukämie- und krebskranker Kinder gehen und scheuen nicht davor zurück, Versandkosten, die sie in der Buchhandlung nicht haben, zu zahlen. Manche haben den Kauf auch gleich mit einer zusätzlichen Spende verbunden. Ich bedanke mich ganz herzlich bei allen für diese Unterstützung!

Unser Buch hat mich wieder ein wenig in mein Leben zurück gebracht. Nicht das Leben, das ich einmal gelebt habe, von dem ich geglaubt habe, dass es meine Erfüllung ist. Nein, mein Leben jetzt möchte sich auch den viel zu vielen erkrankten Kindern widmen.

Martins Grab an seinem 20. Geburtstag am 29. November 1999 (oben). - Die Gemeinde Behren-Lübchin, in der Martin lebte und die Autorin und ihre Familie wohnt, übergibt eine Spende für das Vorhaben, onkologische Kliniken mit sanitären Gerätschaften auszustatten (unten)

Weihnachtsfeier 2001 in der onkologischen Kinderklinik in Rostock. Als ein besonderer Gast war der Ralswieker Störtebeker-Darsteller Norbert Braun in voller Kostümierung erschienen

Prof. Dr. Ingo Richter ließ es sich an diesem Abend nicht nehmen, den Kindern und deren Eltern Frau Inge Müller-Krug vorzustellen und sich öffentlich für deren Spende zu bedanken

Mit Christin, einer Erzieherin der Kinderonkologie Rostock, nach dem Einkauf von Weihnachtsgeschenken (oben); Auf dem Wege zur Rostocker Klinik mit kleinen und großen Geschenken. Sohn Christopher (links), daneben Ulrike und Uwe Mohnke (unten)

Buchpremiere von "Mutti, ich hab noch nicht Tschüß gesagt" in der Aula der Schule Gnoien. Sohn Christopher (l), daneben Robert, der seiner Mutter die Hand zum Drücken reicht und Verleger Andreas Ciesielski (stehend)

Die sowieso schon sehr emotionale Buchpremiere wurde durch diese Dekoration, die ein großes Bild des Verstorbenen zeigte, in ihrer Wirkung noch verstärkt

Signierstunde im Stand des SCHEUNEN-VERLAGES während der Leipziger Buchmesse 2001. Inge Müller-Krug im Gespräch mit ihrem Verleger Andreas Ciesielski (vorn). In Hintergrund dessen Frau Sabine Kleinschmidt (oben). - Rundfunk-Interview mit Gitta Lindemann, Kulturjournalistin im NDR (unten)

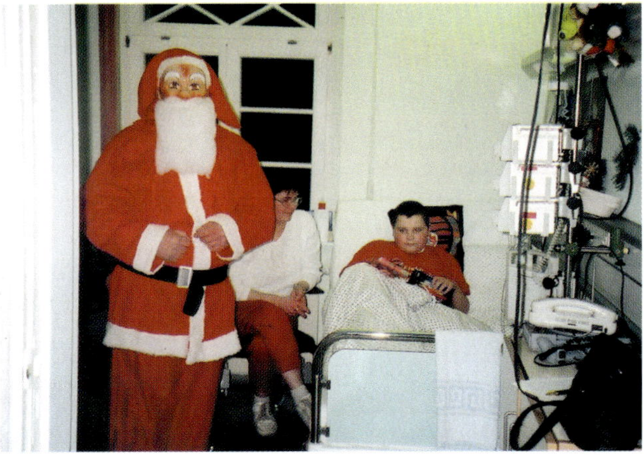

Zweimal Kinderonkologie in Greifswald. Ein Teil der Spendengelder wurde dazu verwendet, den Kindern, die das Weihnachtsfest 2001 in der Klinik verbringen mußten, eine kleine Freude zu bereiten

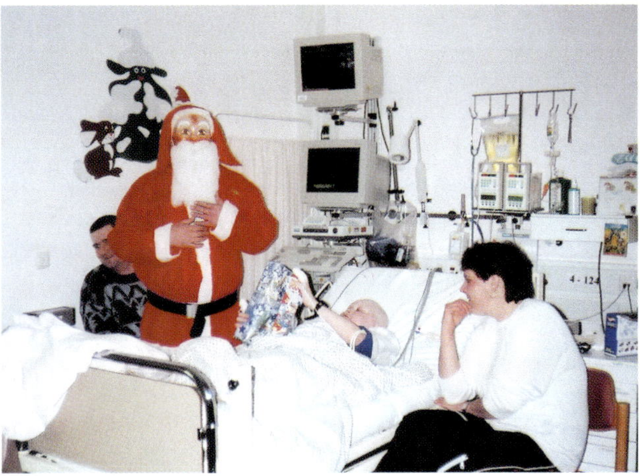

Seit mehreren Jahren gehört die vom Rostocker Kinderarzt Prof. Dr. Ingo Richter (Bd. l. mit Kind auf d. Arm) begründete "Hansetour Sonnenschein" zu den wichtigsten Benefiz-Veranstaltungen des Landes Mecklenburg-Vorpommern. Diese Radtour, an der sich hunderte Freizeitsportler und Persönlichkeiten aus den verschiedensten Bereichen beteiligen, hat seit ihrem Bestehen einige hunderttausend DM für die verschiedensten Kinderkrebskliniken "eingefahren"

Seit dem Tode ihres Sohnes Martin ist Inge Müller-Krug unermüdlich damit beschäftigt, krebserkrankten Kindern zu helfen. Sie organisiert Spendensammlungen und sammelt selbst, liest aus ihrem ersten Buch, signiert und verkauft es - stets für den Zweck, Kindern zu helfen, die das Schicksal ihres verstorbenen Sohnes ereilt hat. Es hat gut zwei Jahre gedauert, bis sie nach dem Tode ihres Sohnes ihr Leben wieder bewußt in die Hand nehmen konnte. Ihr zweites Buch "Abschied" hat ihr bei diesem Prozeß ebenso geholfen wie die Gespräche mit Freunden, die ihr geblieben sind. Es ist für viele Menschen kompliziert, mit jenen zu leben, die sich zu ihren Visionen bekennen. Doch unsere Gemeinschaft würde auf der Stelle treten, würde sich nicht entwickeln können, gäbe es nicht Menschen, die an ihren Visionen festhalten!

Andreas Ciesielski, Verleger

Weihnachten war ich das erste Mal wieder auf der Kinderonkologie in Rostock. Mit vielen Geschenken, die ich aus meinen Tantiemen, Buchlesungen und Spenden zusammen hatte. So viele Kinder waren da. So viele leuchtende Augen, glückliche Gesichter für nur einen Augenblick. Aber es ist unvergesslich. Kinder, die sich freuen, mich umarmen und Danke sagen. Jedesmal ist es, als wenn Deine Arme mich umschlingen. Nur zu schwer fällt es mir dann, die Tränen zurück zu halten.

Und jetzt hat dieser Artikel in der OZ etwas ausgelöst, womit ich nicht gerechnet habe.
Es rufen mich betroffene Eltern an, die mir sagen, dass ihre Kinder in anderen Kliniken lagen oder liegen, auf denen es noch keine Nasszellen in den Zimmern gibt. Dort werden die Kinder noch aus Schüsseln gewaschen, und das unter den doch schrecklichen Anstrengungen. Es zerreißt mir fast das Herz und ich würde so gerne helfen. Aber wie? Ein Lottogewinn wäre nicht schlecht, aber auf den zu warten ist wohl ziemlich zwecklos.
Also setze ich mich an meinen Computer und schreibe einen Brief, den ich "BILD der Frau" schicken werde. Doch als ich den Brief fertig habe, denke ich, dass es vielleicht nicht in Deinem Sinne ist, Dein Leben so durch die Presse ziehen

zu lassen. Ich lege den Brief weg und bitte Dich um ein Zeichen, wie Du darüber denkst. Viele denken jetzt sicher, dass ich auf meine alten Tage auch noch esoterisch werde, aber es gibt soviel zwischen Himmel und Erde, was hoffentlich nie ein Mensch komplett verstehen wird.
Einige Zeit später ruft mich Klaus im Laden an und sagt, dass mich gleich eine Frau aus Hamburg anrufen wird. Von einer Zeitung. Du kannst Dir sicher vorstellen, wie aufgeregt ich war. Die nette Stimme am Telefon stellte sich vor und fragte, ob sie über uns berichten dürfe, da sie den Artikel in der OZ gelesen habe. Ich war so aufgeregt, dass ich den Namen der Zeitung nicht verstanden habe. Da mir aber das Interview noch bevorstand, würde ich den Namen der Zeitung schon in Erfahrung bringen.
So erfuhr ich dann, das sie von *Bild der Frau* war. Ich danke Dir! Weiß ich doch jetzt, dass ich in Deinem Sinne gehandelt habe und es auch weiter tun kann. Ein wohliges Gefühl umschleicht mich bei dem Gedanken, dass Du wirklich über uns wachst.
So haben wir uns nach und nach unsere eigene Kommunikation aufgebaut.
Zum Beispiel sind die Monate November und Dezember für mich die furchtbarsten im Jahr.
Im November bist Du geboren. Im November bekamen wir die Diagnose Knochenkrebs und

im Dezember bist Du eingeschlafen und für immer von uns gegangen.
Seit Oktober sagte ich zu sehr vielen Bekannten, dass wir das Jahr eine weiße Weihnacht haben würden. Alle lachten nur, da wir im Oktober noch 20 Grad hatten und im November, Anfang Dezember uns schon an den ersten Frühblühern erfreuen durften. Und doch wurde es vor Heilig Abend kalt und genau am 24. fing es an zu schneien. Und der Schnee blieb liegen, über die gesamten Feiertage. Wie konnte ich das wissen, wurde ich gefragt. Ich bat Dich um eine weiße Weihnacht, als Zeichen, dass es Dir gut geht und Du glücklich bist, wo immer Du jetzt bist. So weiß ich auch, dass Du uns nicht nur Heilig Abend ganz nahe warst. Wir haben jetzt unseren ganz privaten Engel und es erfüllt mein Herz mit Wärme und mit Stolz.

13. Februar

Heute ist wieder eine dieser wundervollen, sternklaren Nächte.

Ich komme aus meinem Laden und Du strahlst mich mit Deiner ganzen Kraft und Schönheit an. Bei Kerzenlicht an Deinem Grab wünsche ich mir nur, dass die Menschheit doch endlich zufrieden sein soll mit dem, was sie erreicht hat. Sollen sie doch nicht noch weiter ins Universum vordringen. Sollen sie Euch dort, wo immer ihr jetzt seid, Euren Frieden lassen. Sollen sie doch unter sich Frieden bewahren. aber immer geht es ihnen um Mehr, Mehr, Mehr... Der Sternenhimmel ist für mich so unvorstellbar wie der Tod. Jeder Stern bedeutet für mich ein von Qualen oder welchem Elend auch immer Befreiter, der Glück, Zufriedenheit und Hoffnung wiedergefunden hat. Es ist so schlimm, das alles irgendwann zerstört zu wissen durch eine Gier, wie sie nur die Menschheit besitzt.

Ich teile mein Leben in zwei Abschnitte. Es ist eine Form, in der ich denke, leben zu können.

Einmal ist es ein Leben mit Dir für Dich und einmal das Leben mit meiner Familie. Nur nimmt das Leben mit Dir sehr viel mehr Zeit in Anspruch. Nach einem gut geschafften Tag für Dich fühle ich mich Abends ein wenig glücklich. Weiß ich doch, dass nur ich Dich am Leben und in den Köpfen vieler erhalten kann.

Ich will nicht sagen, dass ich die Zeit mit meinen drei mir verbliebenen Männern nicht auch voll genieße, aber eben ganz anders.
Mein Leben gehört jetzt Dir und diesen viel zu vielen kranken Kindern, die dasselbe Schicksal ereilt hat wie seinerzeit Dich. Ich wünsche und hoffe, noch sehr viel mehr tun zu können, als es mir bisher möglich war.
Du hast mir einen Weg aufgetan, wieder Freude am Leben hier auf Erden zu finden. Ich liebe Euch alle vier mit der ganzen Kraft meines Herzens. Ich danke Dir für diese hoffentlich vielen schönen Wochen und Monate, bis es wieder November, Dezember ist...

2. März

Drei Tage Albtraum sind überstanden. Das sage ich mir jedenfalls jeden Augenblick, nur daran glauben kann ich noch nicht.
Am 26. Februar bekamen wir einen Anruf aus der Schule, dass Chrisi einen Sportunfall hatte und wir mit ihm zum Durchgangsarzt sollten. Klaus fuhr also gleich nach Teterow. Der Doktor untersuchte und röntgte das schmerzende Knie. Ich kann zwar mit meinem Sohn zum Arzt gehen, wenn ihn eine Grippe geholt hat, aber nicht bei Knochendingen. Papa erzählte, dass der Arzt mehrmals das Röntgenbild betrachtete und das Knie abtastete. Da aber auch Klaus mit derlei Dingen überfordert ist, hakte er nicht nach, noch erzählte er von Dir. Das Bein wurde bandagiert und Chris sollte mit Gehhilfen laufen. Zwei Tage bis zur Wiedervorstellung vergingen. In meinem Hinterkopf arbeitet es, aber ich wollte diese Gedanken einfach nicht zulassen. Eigenartig fand ich die Mitteilung, dass er sein Bein schonen solle. Oh Gott, dieses Bein schonen, das ist eigentlich etwas, das ich nie wieder hören wollte. Und dann war es ausgesprochen und betraf dieses Mal Deinen kleinen Bruder.

Am 28. Februar fuhr Papa wieder mit Chrisi zum Arzt. Ich hatte an diesem Tag einen Kosmetiktermin und wollte ihn auch wahrnehmen,

nur um die Zeit zu überbrücken. Papa wollte gleich anrufen, was er auch tat.
Mein Handy klingelte, als ich gerade die Maske aufgetragen bekam.
Chrisi wurde weiter zum Orthopäden überwiesen und sie seien jetzt auf dem Weg nach Tessin.
Jetzt war sie da, diese verfluchte Angst, die sich sofort in Panik wandelte.
Ich also von meiner Pritsche hoch. Ich habe mir eiligst alles abwaschen lassen und fuhr Richtung Tessin.
Zum Glück war die Orthopädin nicht da, und so konnte ich meine beiden Männer überzeugen, mit nach Hause zu kommen. Jetzt rotierte es wieder in meinem Kopf. Dieses Mal darf kein Fehler passieren. Kein Arzt soll noch einmal das Leben eines meiner Kinder leichtfertig aufs Spiel setzen können. Also rief ich denjenigen an, der mein uneingeschränktes Vertrauen hat.
Vorher rief ich aber den Arzt in Teterow an, um nun doch genau zu erfragen, was er denn vermute. Als ich von Dir sprach, sagte er, dass er dann Chrisi gleich zum MRT geschickt hätte. Nun war alles raus und in mir spielten sich die Bilder mit Dir wieder ab. Die Tränen liefen und ich hatte kaum die Macht, meinen zittrigen Körper unter Kontrolle zu bekommen. Jetzt rief ich Prof. Ingo Richter an, denn nur er würde mir, wenn überhaupt, wieder zur Ruhe verhelfen können.

Kaum hatte ich ihm vorgelesen, was der Durchgangsarzt mir mitteilte, sagte er, dass ich am 1. März, also gestern, mit Chrisi zur stationären Aufnahme kommen solle und er für alles Weitere sorgen würde.
Jetzt wurde aus Panik Angst. Dein kleiner Bruder ist förmlich in sich zusammengebrochen, als er hörte, dass er auf Deine Station muss. Ich versuchte krampfhaft locker zu sein, um ihm die Angst zu nehmen, aber so gut wie bei Dir gelang es mir nicht. Diese unendliche Angst, wieder zusehen zu müssen, wie mein Kind leidet. Diese Panik, noch eines meiner geliebten Kinder zu verlieren, ließ einfach keinen guten, normalen Gedanken zu. Ich war in Tränen aufgelöst und sagte immer nur, dass Chrisi nicht Du bist und es ja auch das linke Bein sei, also anders als bei Dir. Aber so richtig brachte das alles nichts. Erst als ich ihm sagte, dass Du, unser Engel, es bestimmt nicht zulassen wirst, dass uns noch einmal so etwas Grausames widerfährt, beruhigte er sich etwas. Davon sind wir mehr denn je überzeugt.
Chrisi hatte sich mal wieder schneller im Griff als ich und wollte nur noch raus.
Willi, Heike und Haucks kamen am Abend um uns abzulenken, was ihnen auch teilweise gelungen ist.
Die Nacht war viel zu lang, der Schlaf viel zu

kurz und meine Nerven viel zu dünn. Aber irgendwie ging es uns allen Vieren so. Gegen fünf Uhr morgens versammelten wir uns nach und nach in der Küche. Roberto musste zum Bund, Papa und ich fuhren in den Laden, um dort alles für den Tag vorzubereiten, und dann ging es Richtung Rostock.

Mir wanderten unendlich viele Gedanken durch den Kopf. Unser Chrisi ist noch soviel jünger als Du. Er hat die selbe Angst wie Du, kann sie aber noch schlecht kontrollieren. Wie soll er auch?. Weiß er heute doch sehr viel mehr als wir vor drei Jahren. Wie soll es werden? Ist dieses Knochendings wieder bösartig? Bin ich diesmal perfekter als bei Dir? Habe ich noch mehr Kraft, um ihn bei mir zu halten? Wie wird Chrisi mit dieser Situation und den dann folgenden Quälereien fertig? Kann ich es ertragen, noch einmal in so furchtbar traurige Augen sehen zu müssen?
Ganz schnell wieder weg mit diesen Gedanken. Ich kann nicht so schlechte Gene besitzen, dass ich gleich zwei meiner Jungs damit verseucht habe. Roberto sagte ich, dass er sehr glücklich sein könne, da er sehr viel von seinem Vater hat und so den ganzen Dreck von mir nicht geerbt haben konnte.
Als wir auf der Station angekommen waren, schauten uns alle Schwestern ziemlich entsetzt

an. Ich versuchte, so gut es ging, Nervenstärke vorzuspielen.
Prof. Richter erzählte uns - nachdem er sich die Röntgenbilder angesehen hatte -, dass er auf eine aseptische Knochennekrose tippe, wie bereits zuvor Dr. W.. Aber auf Grund Deiner Vorgeschichte wollte er auf Nummer sicher gehen.
Die erste Untersuchung war die Knochenzintigraphie. Chrisi war voller Panik. Wir mussten ihn mit drei Mann festhalten, da er das alles gar nicht wollte. Die Schwester versuchte ihn dann zu beruhigen, indem sie sagte, er könne sein Skelett auf dem Bildschirm betrachten. Doch dann war es ganz mit meinem kleinen Chrisi aus. Die Schwester wusste ja sicher nichts von Dir und meinte es wirklich gut. Nur Chrisi kam dann in einen richtigen Weinkrampf. Ich sagte ihm immer und immer wieder, dass es seine Knochen und nicht die seines großen Bruders waren. Auch sagte ich ihm, dass der Professor auf keinen Fall ein Sarkom vermute. Irgendwann konnte er wieder gut Luft holen und die Untersuchung begann.
Papa war draußen vor der Tür. Er kann es immer noch nicht ertragen, mit Spritzen und seinen Kindern in einem Raum zu sein. Ich denke, dass er draußen genauso gelitten hat wie wir drin. Nur er war ganz alleine. Keiner, der ihm die Hand hielt oder mit ihm sprach.

Diese schwarzen Stellen unterhalb des Knies machten mir höllische Angst. Oberarzt B. plädierte auch mehr auf etwas Gutartiges, aber ganz geringe Abweichungen seien zu erkennen. OA B. und Oberärztin. K. unterhielten sich und es gab mir gleich wieder einen tiefen Stich. Ich bin aus lauter Angst und Verzweiflung so verflucht hellhörig geworden.
Nach der Szintigraphie kam das Röntgen des gesunden Beines. Und dann war es wieder da, dieses große Warten. Frau Dr. H. sagte uns am Nachmittag, dass der genaue Befund erst am nächsten Tag da sein würde und wir noch eine Nacht die Nerven behalten müssten. Bei mir und jetzt auch bei Deinem Vater war nichts mehr zu bewahren. Bei Dir brauchte ich ein Jahr, um mit meinen Nerven da zu sein, wo ich jetzt nach knapp 30 Stunden stehe.
Roberto kam gleich nach Dienstschluss und Papa und ich fuhren nach Hause.
So viele Nachrichten waren auf dem Anrufbeantworter. Ich rief kurz überall an. Klaus wollte keinen sehen und keinen sprechen. Er zog sich an seinen Computer zurück.
Langsam hatte sich in mir der feste Glaube aufgebaut, dass es etwas Gutartiges sei, nur die letzte Überzeugung fehlte.
Ich bin unendlich froh, dass Klaus diesmal seine freien Tage hat und ich ihn an meiner Seite

wusste. So sind wir am nächsten Morgen wieder in die Klinik gefahren. Chrisi ging es gut. Torsten hatte Robert abgelöst und so hatte Chrisi keine lange Weile und die Nacht auch gut geschlafen. Heute soll noch das MRT gemacht werden und dann würden sich die Onkologen, Chirurgen und Radiologen zur Auswertung zusammensetzen. Dadurch, dass Chrisi noch die Kanüle vom Vortag liegen hat, gab es jetzt keine panischen Weinkrämpfe mehr, da die Untersuchungen alle schmerzfrei sind. Die Radiologin, die bei Chris die Untersuchung vornahm, beruhigte mich, indem sie sagte, dass sie auch nicht auf etwas Bösartiges tippe.
Irgendwie kam die innere Ruhe wieder, die teilweise auf Chrisi und Papa überging.

Am Freitag (2. März) bekamen wir endlich grünes Licht. Chrisi hat eine aseptische Knochennekrose, die in der pupertären Phase auftreten kann und bei Schonung von allein ausheilt.
Ich kann Dir sagen, nicht nur Steine, nein, ganze Felsbrocken sind uns vom Herzen gefallen. Wir konnten unseren Batzi den Tag noch mit nach Hause nehmen und der ganze furchtbare Spuk war vorbei. Familie Hauck und Willi standen uns in dieser Zeit wieder liebevoll zur Seite und dafür danken wir ganz herzlich. Willi gehört ja schon lange zu unserem Freundeskreis und es bedeutet mir um so mehr, dass er nicht nur lange vor Deiner Krankheit, sondern auch den langen Weg Deiner Krankheit hindurch immer für mich zum Reden da war. Auch nach Deinem Fortgehen waren er und Familie Hauck für uns da. Sie hören zu und versuchen, uns und vor allem mich wieder aufzubauen.
Immer kommen nach Tiefs auch wieder irgendwelche Hochs.
So ereilte uns ein Anruf von einem Fernsehsender, der über uns eine Reportage machen wollte. Ich sprach mit Papa darüber und er sagte zu. So haben wir einen ganzen langen Wintertag mit einer Kamera verbracht. Der Winter hat sich mal wieder viel zu spät eingestellt, und so warst Du ganz mit weißem Schnee bedeckt.

Als "brisant" die Reportage brachte, waren wir alle positiv überrascht, da man ja nicht weiß, wie die einzelnen Teile zusammengeschnitten werden.
Durch Dich habe ich von der Klinik erfahren, die leider immer noch nicht über Nasszellen in den Zimmern verfügen. Ich rief den Leiter der Greifswalder Kinderonkologie an und fragte, ob das Kamerateam dort drehen dürfe. Auch diesmal gab es keinerlei Probleme.
Als ich mir das erste Mal die Station ansah, berichtete uns Prof. B. von vielen medizinischen Neuheiten. Die Station ist bereits nach der Wende durch Spendengelder rekonstruiert worden, nur die Bäder fehlen halt noch.
Du kannst Dir sicher denken, wie Deine Mutter gleich wieder auf Hochtouren kam. Ich fing vermehrt mit Spendensammlungen an, doch es reicht hinten und vorne nicht. So entschloss ich mich, eine Benefizveranstaltung zu Gunsten leukämie- und krebskranker Kinder zu organisieren. Das hört sich alles gut an, ist aber mit einem riesigen Aufwand verbunden, wenn man erstens keine Ahnung von diesen Dingen hat und zweitens ziemlich alleine auf weiter Flur steht und drittens nebenbei auch noch arbeiten muss.
Ich hoffe sehr, dass Du mir beistehst und die Veranstaltung am 8. September nicht durchfal-

len lässt. Wollen wir doch noch viele gemeinsame Projekte angehen. Vielleicht können wir auch irgendwann die Forschung finanziell unterstützen, damit es gar keine Kinder mehr auf irgendwelchen Stationen gibt, denen wir den Aufenthalt angenehmer gestalten müssen.

Nichts ist schlimmer,
als sein Kind zu verlieren.
Doch nichts gibt einem mehr Kraft,
als durch die eigene Stärke
sein Kind in den Herzen vieler
am Leben zu erhalten.

21. Juni

Ich habe ein paar aufregende Tage hinter mir. Dieses Jahr bin ich das erste Mal die Hanse-Tour-Sonnenschein mitgefahren.

Es ist Wahnsinn, wie viele sich zusammenschließen, um für leukämie- und krebskranke Kinder Spenden zu sammeln.

Mir war ziemlich flau in der Magengegend, da ich sehr, sehr lange kein Fahrrad gefahren bin und nicht die leiseste Ahnung hatte, wie ich die vielen Kilometer auf meinem Drahtesel durchhalten sollte. Papa meinte, dass er und Chrisi im Auto mitfahren und Christin und mich regelmässig ablösen würden. Aber Du kennst ja Christin. Entweder richtig oder gar nicht, und so stürzten wir uns in etwas völlig Fremdes mit einem nicht gerade durchtrainierten Körper. Treffpunkt war wieder das Inter-Cityhotel in Rostock. Dort wurden unsere Räder und das Gepäck verstaut und dann ging es ab in Richtung Schwerin. Christin wartete in Raden auf uns, da wir die letzten 10 km mit dem Rad fahren wollten. Ich bin froh, dass Uwe bereits zum 5. Mal dabei ist und mir sagen konnte, wie alles ablief und gehandhabt wurde.

In Raden holten wir unsere Räder vom LKW und dann ging es los. 10 km! Ich glaube, ich saß-noch nie so eine lange Strecke auf dem Fahrrad. Christin hatte auch ihre Bedenken, aber jetzt

ging es nur noch vorwärts, egal, was passieren würde. In Schwerin angekommen, waren wir glücklich, dass wir durchgehalten hatten, stehen konnten und auch sonst keine Krämpfe, Druckstellen oder Ähnliches verspürten, so dass wir völlig entspannt und gelöst dem Treiben auf dem Schweriner Marktplatz folgen konnten. Verschiedene Programme wurden dargeboten, Schecks überreicht und Lose verkauft. Wir hatten wirklich viel Spass und nur noch wenig Angst vor dem morgigen Tag. 103 km standen auf der Tagesordnung, und die ließen uns doch nicht so einfach und gelassen in den Nachtschlaf übergehen.
Nach Beziehen unserer Unterkunft und der Einnahme eines kleinen Imbisses trafen wir uns noch auf ein Bier. Jetzt hatte ich endlich Gelegenheit, einige Mitstreiter persönlich kennenzulernen. Unter anderem Andreas. Er fährt bereits zum 4. Mal die Hanse-Tour-Sonnenschein mit. Das ist nicht außergewöhnlich, da es davon sehr viele gibt, aber Andreas sitzt im Rollstuhl. Du kannst Dir sicher vorstellen, welch Hochachtung ich vor diesem Mann habe. Ist er doch ein Kämpfer wie Du. Immer dagegen an und niemals aufgeben oder gar freiwillig einen Schritt zurück. Bei uns stimmte gleich die Chemie. Ich erzählte ihm von Dir und er berichtete über den langen Kampf, den er mit seiner Krankheit aus-

fechten muss. Auch er ist auf einem Spendenmaraton in Bremen für ein behindertengerechtes Stadion. Wir konnten so viele Gemeinsamkeiten feststellen. Auch hat er sich von der Schulmedizin losgesagt, da diese ihn oft mehr zurück- als vorwärts gebracht habe. Viel Kraft findet er durch die Liebe seiner Frau und seines Kindes.

Gegen 23.00 Uhr gingen bei mir dann doch die Lichter aus. Die Müdigkeit machte sich breit und unser Bett hatte magische Kräfte. Am nächsten Tag gab es um 6.30 Uhr Frühstück. Die aktiven Teilnehmer dieser Hanse-Tour saßen noch bis 1.00 Uhr zusammen. Da sieht man wieder, wer Kondition hat und wer nicht. Christin und ich gehören jedenfalls nicht dazu.

Und dann ging es los. Die erste Strecke umfasste 35 km. Kaum vorstell-, geschweige denn durchführbar. Es gibt wirklich viele aktive Sportler, die gar keine Probleme mit 35 km haben. Bei Christin und mir sah das doch anders aus. Wir bekamen viele gute Ratschläge, wie man leichter fährt oder zu schalten hat, wenn man denn eine vernünftige Schaltung hätte! Auch waren immer welche an unserer Seite, die uns diesen oder jenen Berg mit rauf geschoben haben. Wo wir dachten, es geht gar nichts mehr und wir

uns am liebsten in den nächsten Graben fallen lassen wollten, spürten wir plötzlich eine Hand auf dem Rücken und es ging doch wieder weiter. In diesen paar Minuten kannst Du nur versuchen, Deine schmerzenden Beine zu lockern und Deine Atmung wieder unter Kontrolle zu bekommen. Ohne diese vielen tollen Helfer hätten wir es sicher nicht geschafft. Ein ganz großes und dickes Dankeschön!!!
Als ich beim ersten Halt vom Rad runter bin, hätte es mich fast ausgehoben. Meine Beine wollten mich nicht halten. Froh über den immer noch festen Griff am Lenker, hatte ich nach kurzem Schütteln auch diesen kleinen Krampf unter Kontrolle.
38 km lagen nun hinter uns - und wir hatten noch nicht einmal Bergfest. Mir war von Anfang an klar, dass es für uns nicht zu schaffen ist, aber der Ehrgeiz treibt einen immer noch ein Stückchen weiter. Doch dann machte nach knapp der Hälfte mein Fahrrad schlapp. Es ist halt doch ein Dorffahrrad. Mal zum nächsten Nachbarn oder eine Tour mit Euch Kindern, dann ist auch schon Ebbe. Ich muss ehrlich gestehen, dass ich nicht sonderlich traurig darüber war. Meine Raucherlunge, Oberschenkel und vor allem mein Afterstegen waren total überfordert und schrien förmlich nach Ruhe.
Für solche total Abgeschlafften wie mich gab es

einen "Lumpensammler", in den ich mit großer Begeisterung gestiegen bin.
Christin ist sicher noch 40 km gefahren, dann waren auch bei ihr einige Probleme gut sichtbar. Aber wir waren sehr stolz auf uns, so lange durchgehalten zu haben. Wie sagte eine Mitstreiterin?
"Es gibt noch ein Leben nach der Tour", und das ist für mich ein sehr angenehmer Satz gewesen. Leider mussten Christin und ich uns an dem Abend schon verabschieden. Christin singt in dem Opernchor von "Nabucco" in Schwerin mit und ich habe eine Veranstaltung am Wochenende und somit noch eine Menge an Vorbereitungen zu erledigen.
Ich glaube auch nicht, dass wir körperlich wirklich in der Lage gewesen wären, auch nur noch 20 km durchzustehen. Aber ich bin glücklich, diesen Schritt endlich gewagt zu haben und ich werde auch im nächsten Jahr, vor allem im Jahr 2003 dabei sein. Da geht es um die ganze Ostsee. 4.000 km gesamt. Davon aber einen ganzen Teil per Fähre und Bus.
Papa und ich besitzen jetzt vernünftige Fahrräder und sind auch regelmäßig damit unterwegs. Also 30 km hauen mich nicht mehr aus den Sattel. Werden mal sehen, wie es nach den Wintermonaten ist.

Der Reitertag in Walkendorf, auf dem Du damals beschlossen hast, Dir einen Schimmel zu kaufen, wenn Du einmal das Geld hättest, war ein voller Erfolg. Das Wetter spielte nicht hundertprozentig mit, aber Du weißt ja, Dein Vater ist auf alles vorbereitet.

So habe ich sowohl die Hanse-Tour, wie das Wochenende noch gut über die Bühne gebracht. Für Papa war die Woche auch sehr anstrengend. Er musste sich zwei Tage mit um den Laden kümmern, um den Haushalt und Deine Brüder. Wenn ich ihn nicht hätte, könnte ich meine ganzen Aktivitäten gar nicht durchziehen. Ich bin wirklich unendlich dankbar und liebe ihn sehr. Er hat so oft Angst um mich. Glaubt, ich würde mich übernehmen oder irgendwann zusammenbrechen. Dabei kann ich das doch gar nicht, wenn ich immer in Bewegung bin. Nur die Ruhe, die Zeit zum Nachdenken bringt mich um. Da bin ich ganz anders als Papa. Manchmal denke ich, dass er ein schlechtes Gewissen hat, nicht auch so engagiert zu sein. Er versteht oftmals nicht, dass ich seine Ruhe nur durch diese Unruhe ausleben kann. Ohne ihn gerät mein Leben aus den Fugen, wie es ohne Dich aus den Fugen geraten ist. Manchmal denke ich auch, dass er sicher recht hat mit dem, was er sagt. Das sind Momente, in denen ich völlig übermüdet, abgeschlafft und gereizt bin. Dann wünsche

ich mir auch einmal 48 Stunden Dauerschlaf. Aber was kommt? Wieder die schlaflosen Nächte, die traurigen Gedanken und das schlechte Gewissen. Dann muß ich oft daran denken, was ich durchlebte, als Papa mich im Oktober letzten Jahres die paar Tage zur Erholung schickte. Ich freute mich wirklich darauf, konnte ich doch vorher nicht wissen, was sie in mir auslösen würden. Heute habe ich Angst vor solch ruhigen Tagen. Angst davor, nicht total übermüdet ins Bett zu fallen und die paar Stunden bis zum Klingeln des Weckers traumlos zu schlafen.
Du weißt ja, Papa ist ein Buch mit sieben Siegeln. Nur sehr selten gelingt es mir, einen Gedanken aus seiner Seele zu erhaschen. Er blockt ständig ab und frisst alles in sich hinein. Wenn ich denke, wieviel Zusammenbrüche ich durch Deinen Verlust schon hatte. Nur Papa sehe ich nie weinen, nie klagen über Deinen Verlust. Über die Sehnsucht, die auch er nach Dir haben muss.
Warum wollt ihr Männer immer stark sein? Warum glaubt Ihr, dass wir Euch nicht auch auffangen und trösten können?

Warum schämt Ihr Euch Eurer Tränen?
Jede Träne spült einen Tropfen Schmerz
aus unserer Seele,
denn nur so können wir leben,
neue Kräfte sammeln und den Blick in die
Zukunft wieder finden.

Ich habe das erste Mal nach Deinem Fortgehen Deinen Vater weinen gesehen.
Soviel Leid und Schmerz, soviel Hilflosigkeit und Zerbrechlichkeit, soviel Wut vor der Ohnmacht, dieses Leben jetzt bestehen zu müssen.
Endlich durfte ich Deinen Vater in die Arme nehmen, durfte ihm zuhören, durfte endlich einmal stark sein für ihn. So vieles, was er sagte, war mir vertraut, so viele Gemeinsamkeiten in unserem Schmerz - und doch mussten wir zweieinhalb Jahre jeder alleine mit unserem Schmerz leben. Vielleicht ist es normal so, vielleicht haben wir es uns aber auch nur schwer gemacht. Ich kann es immer noch nicht sagen. Ich bin nur dankbar, dass mein Klaus jetzt mit mir und Deinen Brüdern gemeinsam zur Selbsthilfegruppe fährt. Jetzt endlich gehen wir gemeinsam den so unendlich schweren Weg der Trauer an. Und endlich werden wir in den Gruppen einander zuhören, um besser zu verstehen, warum der eine dieses und der andere

jenes macht. Wir können endlich wieder aufeinander zugehen und nicht von einander weg, da wir beide dachten, dass keiner von uns von dem anderen gestört werden möchte in dem Kampf, dieses Leben jetzt zu bestehen.

Ich wusste, der Tag wird kommen, an dem unsere Familie wieder ein kleines Stückchen glücklicher werden kann. Wir brauchen jetzt einander noch viel mehr als früher. Jeder trägt seine Trauer um Dich mit sich, ohne den anderen damit belasten zu wollen, ohne ihm den Schmerz, den man selber empfindet, auch zuzumuten. Aber durch die Gruppe lernen wir, dass es so viele verschiedene Arten gibt, gegen den Schmerz anzugehen und nicht einer davon abartig, krankhaft oder unverständlich ist. Aber das kann wohl nur jemand verstehen, der diese Hölle betreten musste.
Es ist traurig, dass Klaus den schmerzvollen Weg jetzt gehen muss, aber wichtig für ihn, dass er endlich bereit dazu ist. Ich bin dankbar für jeden Augenblick, den ich gemeinsam mit ihm um Dich trauern, weinen und lachen darf.

Nichts ist so schön wie das Leben.
Nichts so schön wie das Erwachsen-Werden.
Nichts so schön wie die erste Liebe.
Nichts so schön wie Kinder zu gebären.
Nichts so schlimm, wie diese zu überleben.
Nichts so grausam,
wie danach weiter zu leben.

Jana ist mir wieder eine große Hilfe bei der Buchlesung in Grimmen. Das erste Mal, dass ich auf ihr Anraten im Vorfeld eine Tablette genommen habe. Eigentlich sollte sie mich etwas beruhigen, damit die Heulattacken ausblieben, aber leider geschah das völlig Entgegengesetzte. Ich konnte gar nicht lesen. Schon bei den ersten Worten war es aus. Ich war total durch den Wind.
Die Hanse-Tour, das Zusammenbrechen von Klaus und jetzt die Buchlesung waren wohl doch ein wenig viel. Immer wieder eigenartig, wie einem die Nerven mitspielen können, ohne dass man sich selbst davon befreien kann. Irgendwann gelingt es mir wieder, aber dazu brauche ich meine Zeit.

Mein kleiner Chrisi arbeitet jetzt in den Ferien. Er hilft neu Hergezogenen beim Entrümpeln, Putzabklopfen und Ähnlichem. Ganz stolz kam er mit seinen ersten selbstverdienten 50,00 DM nach Hause. Ich freue mich mit ihm, und doch beschleicht mich eine Angst, die ich nur schlecht zuordnen kann. Wie genieße ich es, wenn Chrisi immer mehr Ähnlichkeit mit Dir bekommt; auch das Arbeiten erinnert mich sehr an die Zeit, die Du auf der Baustelle bei Mintes warst. Und dann kommen Gedanken, die ich eigentlich gar nicht haben möchte, die sich aber mehr und mehr in mir breitmachen und mein Denken überschatten. Du klagtest damals auch über Schmerzen in Deinem Knie, als Du 12-13 Jahre alt warst. Ende der 7., Anfang der 8. Klasse fingst Du bei Mintes an zu helfen, und so wiederholt sich alles. Du hattest nach dem 15. Novemder 1998 die furchtbare Angst, allein sein zu müssen. Warst Du doch das erste Mal auf der anderen Seite des Spiegels und konntest einfach Deine Angst nicht überwinden. So ähnlich geht es mir jetzt. Ich bin ständig am Vergleichen. Denke 24 Stunden am Tag nur an Dich und weiß genau, an welchem Tag was passierte. Ganz egal, ob es gute oder schlechte Erinnerungen sind. Sie haben sich fest in meinen Gedanken verankert und so weiß ich auch sofort, wenn Chrisi irgendetwas sagt, lacht oder schafft, ob es mit Dir identisch ist oder nicht. Alles wiederholt sich, und so bleibt die Angst nicht aus. Ich muss unbedingt einen Weg finden, wie ich Chrisi regelmässig untersuchen lassen kann, ohne ihn in Panik zu versetzen und ohne irgendwelche Unannehmlichkeiten für ihn. Es gibt für mich nur einen, der mein uneingeschränktes Vertrauen hat und mir einen Weg sagt, damit ich ruhiger leben kann und die Sicherheit haben werde, nicht irgendwann wieder hören zu müssen: "Der Tumor ist bösartig und schon sehr weit fortgeschritten". Und wer kann das anderes sein als Professor Ingo Richter. Bei der Auswertung der Hansetour im November werde ich die Zeit haben, ihn zu fragen.

Mir wurde, als Chrisi Anfang des Jahres in der Klinik lag, gesagt, dass eine MRT-Untersuchung nicht so schädlich ist wie röntgen. Nur hilft es mir nicht viel weiter, da mir dafür die Sicherheit fehlt. Sie haben damals bei Dir im Dezember die Lunge und im Januar die Knochen untersucht und teilten uns mit, alles sei in Ordnung. Aber schon im Februar hattest Du ein 4x6 cm großes Rezidiv von der Lunge in die Rippe übergreifend. Es hilft mir also gar nichts, wenn ich gerade einen Monat von zwölfen ruhiger leben kann. Was ist, wenn der Alptraum noch einmal über uns kommt? Wenn ich jetzt nicht genau darauf achte, um Chrisi nicht zu beunruhigen, und dieses Dings dann doch umschlägt? Wieder so viele Fragen und wieder diese Ungewissheit.

Dazu kommt, dass die Benefizveranstaltung doch nicht stattfinden kann. Nach dem ersten Zusammentreffen aller Beteiligten musste ich einsehen, dass die Stadt selber zwar ihr Interesse bekundet hatte, aber die Unterstützung ausblieb. Für mich als Einzelperson, die nebenher arbeiten geht, ist es unmöglich, dieses alles allein zu bewerkstelligen. Für die Halle wurde mir zwar die Miete erlassen, aber mit mehr war nicht zu rechnen. Dabei bin ich extra nach Greifswald gegangen, da das Geld für die Kinder der Onkologie bestimmt war, aber leider, leider... Hätte ich es in Gnoien organisiert, wäre es für mich gewiss einfacher gewesen. Hier kenne ich viele und es gäbe kein Problem beim Austeilen der Plakate, ect.. Aber ist man fremd in einer Stadt, muss auf die Unterstützung der Einheimischen gebaut werden; sonst ist es einfach nicht zu schaffen.
Ich rief auf der Greifswalder Kinder-Onkologie an, um mein Problem darzulegen. Schwester Dagmar war auch meiner Meinung, dass nach dem, was auf dem Zusammentreffen ablief, es für mich unmöglich sei, diese Veranstaltung mit dem erhofften Erfolg durchzuführen. So hoffe ich auf das nächste Jahr. Mit Hilfe renommierter Sender, Zeitungen usw. gelingt es mir dann vielleicht, die so dringend benötigten Nasszellen bauen zu lassen.

Ich möchte, dass jene Eltern, die ein solches Schicksal ereilt hat und die danach am Leben zweifeln, wissen, dass sie nicht alleine sind. Es gibt genügend Menschen, die an unserer Seite stehen.
Diese Erkenntnis gilt auch, wenn man andere Erfahrungen macht. Wie solche, dass sich anscheindend gute Freunde abwenden oder nicht das Verständnis entgegen bringen können, das man braucht. Wir sind nicht krank, abartig denkend, paranoid oder was auch immer man über uns denkt oder spricht. Ich weiß, es ist sehr schwer, mit uns nach solch einem Schicksalsschlag umzugehen. Wir können es auch akzeptieren, wenn man uns zu verstehen gibt, dass unsere Mitmenschen mit der Einstellung, die wir jetzt vertreten, nicht zurecht kommen und sich zurückziehen möchten. Was gar nicht zu verstehen ist; wenn versucht wird, uns in eine Schublade zu quetschen, in die wir nicht passen und auch nicht hinein gehören.

Liebe Freunde, Bekannte und Verwandte, lasst uns unseren Schmerz so erleben, wie wir es nur ertragen können.
Lasst uns weinen, lachen und total verzweifelt sein. Es ist alles normal und tut uns, in genau dieser Situation, gut. Wir wollen keinen beleidigen oder gar verletzen, aber wir wollen uns

auch nicht sagen lassen, wie wir nach Eurer Meinung zu leben haben.

Eine ganze Portion Mut, Zeit und Aufopferung gehören dazu, um uns auf dem schweren Weg der Trauerverarbeitung zu begleiten. Lasst Euch nicht sagen, dass die Trauerverarbeitung nach einem, zwei, fünf oder mehr Jahren abgeschlossen sein muss. Sie dauert, solange sie dauert. Ich werde um meinen Martin trauern, solange ich lebe.

Es gibt nicht die Zeit, die heilt oder gar vergessen lässt. Es gibt die Zeit, die den Schmerz erträglicher machen kann, aber es ist eine lange Zeit und ein weiter Weg. Diesen Weg irgendwann am Ende zu wissen, ist für uns jetzt noch nicht absehbar. Aber dennoch versuchen wir zu leben, zu verstehen auf dem Weg, der uns noch immer ganz unbekannt ist.

Ich danke Familie Hauck, die Klaus und mich immer und immer wieder aufgefangen haben. Dafür, dass sie mit uns weinten, lachten und sich gerne über Martin berichten ließen.

Ein ganz besonderer Dank gilt Willi. Er stand uns nicht nur während der schweren Zeit Deiner Krankheit bei, sondern war immer bereit, meine tiefen Depressionen mitzutragen. Er ist ein Freund, wie man ihn wohl nur einmal im Leben findet.

Ich habe Dir ein Denkmal gesetzt.
Ein Denkmal, das Dich nie vergessen läßt.
Buch, Werbung, Lesungen,
alles dreht sich nur um Dich.

Du strahlst von Bildern, aus Zeitungen
und Illustrierten.
Du bist stark und gibst mir Kraft,
Dich so am Leben zu erhalten,
wie Du warst.

So lang ich lebe, atme, gehe,
wirst Du mit mir durchs Leben gehn...

Inge Müller-Krug,
die Autorin dieses Buches, spendet
- wie bei ihrem ersten Buch
"Mutti, ich hab noch nicht Tschüß gesagt!" -
den Reinerlös aus dem Verkauf
für die Ausstattung von
onkologischen Kliniken in ihrem Bundesland
Mecklenburg-Vorpommern.

Wer sich an dieser Spendenaktion beteiligen
möchte, der kann seinen Betrag auf das Konto
Nr. 1765047400
bei der Ostseesparkasse,
BLZ 130 50000,
einzahlen.

WEITERE BÜCHER ZU DIESEM THEMA AUS DEM SCHEUNEN-VERLAG

Mirnyj K. Blumberger
"Glatzköppchen stirbt"

Friedel, ein siebenjähriger Junge aus Berlin, liegt in einer Krebsklinik der Stadt und hört durch Zufall ein Gespräch mit, das sein behandelnder Arzt mit der Mutter führt. "Wir bedauern es wirklich sehr, Frau Schenk, aber wir können Ihrem Sohn nicht mehr helfen. Unsere Möglichkeiten sind erschöpft."
Von da an weiß der Junge, daß er bald sterben wird. Tot sein, was ist das? Was passiert mit meinem Körper? Gibt es soetwas wie eine Seele? Darüber denkt der Junge nach. Aber nicht allein. Er lernt Ulli kennen, ein etwas älteres Mädchen, das auch den Tod vor Augen hat. Ebenfalls ein Glatzköppchen also. Sie hat sich schon intensiv auf das Sterben vorbereitet und schenkt Friedel ein Büchlein, das "Umwandlung" heißt.
Friedels Oma kommt, um mit dem Jungen über das Sterben zu sprechen. Dabei hilft ihnen die Broschüre, deren Kerngedanke lautet: "Vor allem Möglichen haben wir Menschen Angst, aber nicht vor dem Schlafen. Sterben ist wie Schlafen."
Blumbergers Buch räumt mit der Angst vor dem Sterben auf, nennt aber keinen Sinn des Geschehens. Trotz des tragischen Ausgangs ist "Glatzköppchen stirbt" ein Büchlein, das dem Leben zugewandt ist.

Taschenbuch, 72 Seiten
6,40 EURO
ISBN: 3-929370-39-5

Mirnyj K. Blumberger
"85 B-14"

Dr. Werner, der Arzt als Patient. Aber diesmal entsteht daraus nicht die landläufig übliche Witzfigur, sondern der Arzt wird in vollem Wortsinn PATIENS. einer, der leidet - nicht nur an seiner Krankheit sondern erst recht an den Zufügungen der Medizin.
Die großklinische Fließband-Therapie verwandelt den Liebenden zum Hassenden, rächt sich in ihm durch Albträume und läßt ihn sich in seinen Albträumen rächen.
Endlich wieder bei Sinnen und denkfähig, muß er denn auch resümieren:
"Wir modernen Mediziner befinden uns auf einem fürchterlichen Abweg."
Aber es gibt auch noch den wirklichen Arzt, die wirkliche Ärztin -:
Trost und unermeßliche Wohltat nicht nur für den Patienten Dr. Werner, auch für den Leser dieses Buches.

Taschenbuch, 234 Seiten
8,40 EURO
ISBN: 3-929370-67-0

Kirsten Steineckert
"...und jeden Morgen weckt mich die Taube"

Die Autorin schrieb eine poetische Reportage, doch ist ihre Poesie von harter Lebensrealität geprägt. Sie wartet ungeduldig, voller Zweifel auf ihre Lebertransplantation, erlebt höchst bittere Stunden davor und kämpft mit unbändigem Mut und bleibender Hilfe ihrer Freunde gegen die feste Umarmung der Resignation.
Diese Chronik schwerer Tage liest sich dennoch nicht wie das Tagebuch einer Kranken sondern eher wie das Bekenntnis einer Frau, die beherzt Probleme und Todesangst angeht.
Das schafft sie auch mit aus den Erfahrungen des Lebens gespeister Heiterkeit.
Solch ein Blick schärft das Wissen um die Werte und Schönheiten des Lebens.

Kirsten Steineckert erweist sich in diesem Buch erneut als eine Lebenskünstlerin, die anderen Mut machen möchte und viel zu sagen hat.

Taschenbuch, 148 Seiten
7,40 EURO
ISBN: 3-929370-76-X

SCHEUNEN-VERLAG
Kolonie 4 • 18317 Kückenshagen
Tel.: 038223 59308 • Fax: 038223 59309
www.scheunen-verlag.de
e-mail: scheunen-verlag@t-online.de